창조과학 콘서트

창조과학 콘서트

지은이 | 이재만
초판발행 | 2006. 4. 6.
8쇄발행 | 2007. 5. 11.
등록번호 | 제 3-203호
등록된 곳 | 서울시 용산구 서빙고동 95번지
발행처 | 사단법인 두란노서원
영업부 | 749-1059 FAX 080-749-3705
출판부 | 794-5100(#344)
일러스트 | 서은경 gitool@lycos.co.kr
인쇄처 | 아트프린팅

▪책값은 뒤표지에 있습니다.
ISBN 89-531-0644-3 03230

▪독자의 의견을 기다립니다.
tpress@Duranno.com http://www.Duranno.com

두란노서원은 바울 사도가 3차 전도 여행 때 에베소에서 성령 받은 제자들을 따로 세워 하나님의 말씀으로 양육하던 장소입니다. 사도행전19장 8-20절의 정신에 따라 첫째 목회자를 돕는 사역과 평신도를 훈련시키는 사역, 둘째 세계선교(TIM)와 문서선교(단행본·잡지)사역, 셋째 예수문화 및 경배와 찬양 사역, 그리고 가정·상담 사역 등을 감당하고 있습니다. 1980년 12월 22일에 창립된 두란노서원은 주님 오실 때까지 이 사역들을 계속할 것입니다.

창조과학 콘서트

이재만 지음

두란노

Contents

들어가는 글 · 믿든지 안 믿든지 사실은 사실

첫째 마디 ● 인간은 만물의 영장이 아니었다
    철학도의 변화 · 14
    동성애자와 한 주를 · 20

둘째 마디 ● 창세기는 눈에 보이는 사실이다
    내가 만든 하나님? 나를 만든 하나님? · 28
    몽학 선생 · 38
    지옥을 믿지도 않는 사람이! · 48
    강단에 선 창조과학자 · 56
    엘리스 할머니 · 70
    성경 읽지 마세요! · 82
    길을 보이시는 하나님 · 92
    나를 키운 창조과학연구소 · 98

셋째 마디 ● 그랜드캐년에 가면 누구나 창조과학자가 된다
    벼랑 끝에서의 시작 · 108
    사십 명 모아 오겠소! · 116

창조 때 땅과 홍수 때 땅 · 126
여정 끝에서 맛본 자유 · 132
왜 억지로 믿게 하려고 그래요? · 138
탐사여행에 이어서 · 146

넷째 마디 ● 믿는 자는 태양 없이도 살 수 있다

보이지 않는 별들은 왜 창조하셨나요? · 154
태양 없이 살 수 있을까요? · 164
아담의 갈비뼈는요? · 172
물리학적으로 설명되지 않습니다 · 178
보이저 호도 쏘아 올릴 수 있잖아요? · 184
지구가 먼저? 별이 먼저? · 194
UFO는 있을까? · 204
처음이 완전했다 · 214

다섯째 마디 ● 성경은 진정한 과학 교과서이다

답이 있잖아 · 228
두 지질학도와 · 238
고생물학자와의 대화 · 248

저자 후기 창조과학 사역은 · 256

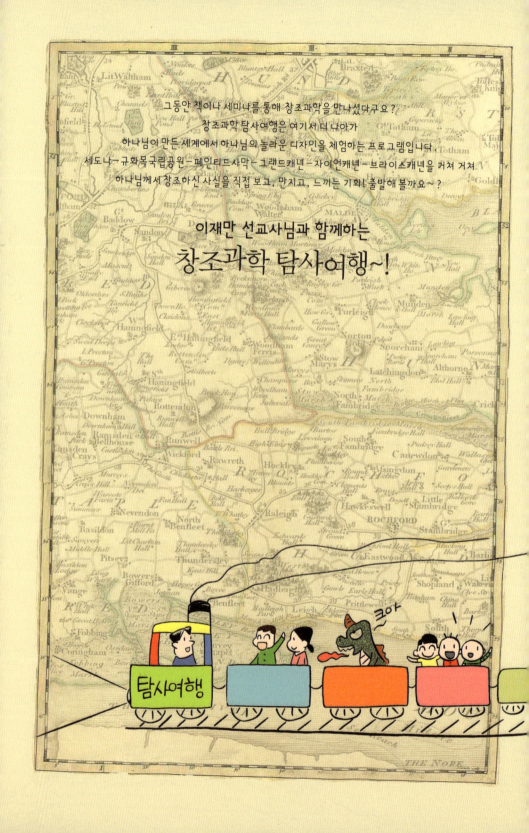

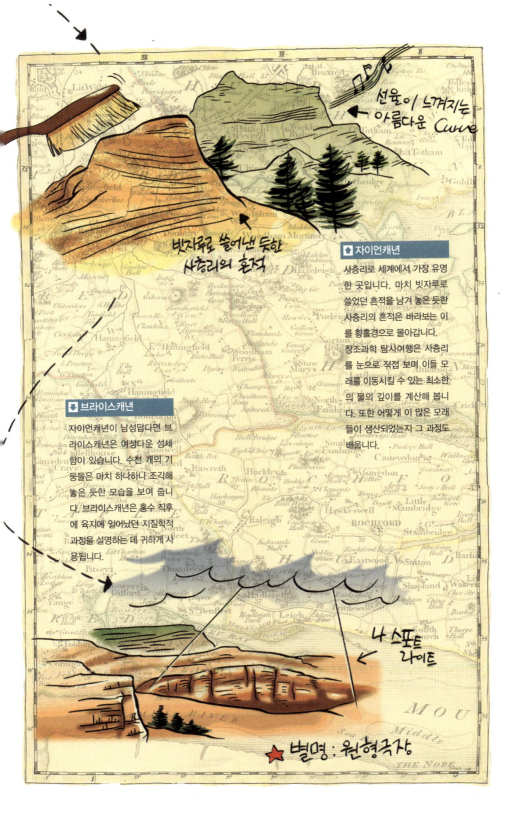

들어가는 글

믿든지 안 믿든지 사실은 사실

"하나님을 믿는 첫 번째 이유는 무엇일까요? 우리가 하나님을 믿는 첫 번째 이유는 바로 사실이기 때문입니다. 그런데 무엇이 사실이라는 것일까요?"

세미나 첫 시간이나, 신학교의 첫 강의 때나, 창조과학 탐사여행 첫째 날 버스 안에서나 항상 던지는 질문이다. 또한 왜 하나님을 믿는지 확신이 들 때까지 내 자신과 주위 사람들에게 끊임없이 물어보던 질문이기도 하다. 나뿐만 아니라 기독교인이라면 이 문제에 관하여 질문을 던지거나 또는 다른 사람에게 받아보지 않았던 사람은 없을 것이다.

"우리가 믿는 하나님은 성경에서 말하고 있는 그 하나님입니다. 성경대로 창조하시고, 성경대로 역사를 이끄시고, 성경대로 사랑하시고, 우리를 구원하시되 성경에 써 있는 기준대로 구원하시는 하나님입니다. 우리가 믿든지 안 믿든지 성경은 사실입니다. 그러므로 믿을 만한 가치가 있습니다. 창조과학은 바로 이 이야기를 하는 것입니다. 성경이 얼만큼 완전히 사실인지를 전하는 것입니다. 과학적으로도 역사적으로도 정확 무오한 그분의 말씀을 전하는 것입니다."

이 책은 진화론적 지질학을 공부하던 한 사람이 어떻게 진화론에서 벗어나 성경이 사실이라는 확신을 갖게 되었고, 더 나아가 창조주이신 예수그리스도를 전하는 창조과학 전임 사역자가 되었는지, 그 이야기를 담은 책이다. 그 사람은 다름 아닌 나 자신이다. 나의 삶이 창조과학을 만나 완전히 변화되기까지 가졌던 갈등과 감격을 독자들과 함께하고 싶다. 이 이야기 속에는 사역 가운데 같은 고민을 하던 사람들을 만나고 그분들과 대화한 내용도 담겨 있다. 아울러 성경을 읽으며 궁금해 할 창조과학 내용도 소개했다. 글을 읽는 분들이 "나도 이런 생각이 들 때가 있었다."라는 생각들이 들기도 하고, 그 질문들이 해결되는 기쁨도 함께 누리기를 바라는 마음이다.

이 책은 사역 가운데 있었던 일들을 적은 본문, 본문에서 언급된 창조과학 내용과 관련된 강의 형식의 창조특강 Q&A, 그리고 짤막한 용어 소개 형태의 귀뜸강의로 구성되어 있다. 관심에 따라 읽으면 더욱 입체적으로 다가오리라 여겨진다.

감사하고 싶은 분이 너무도 많다. 글 속에 등장하는 한 분 한 분, 또한 글에는 소개되지 않았지만 사역 가운데 만나 여러 모양으로 도움을 주신 모든 분들께 감사를 드린다. 특히 글을 쓰는 동안 처음 창조과학학교를 시작할 때 함께했던 간사님들 생각이 많이 났다. 그분들의 드러나지 않은 도움이 없이는 지금 사역 모습을 결코 그릴 수 없었을 것이다. 꼼꼼히 교정해 주셨던 또 다른 창조과학 전임 사역자 최우성 박사님과 최태현 간사께 감사를 드린다. 눈앞에 보이지 않던 사역의 시작부터 지금까지 내 곁에서 나를 격려해 준 사랑하는 아내에게 깊은 감사를 전한다.

1
인간은 만물의 영장이 아니었다

철학도의 변화

창조과학은 '인간은 무엇인가?' 라는 문제에서 출발한다.

1999년 미국의 추수감사 기간에 애리조나 피닉스에서 창조과학 세미나를 인도했을 때다. 미시간에서 함께 신앙생활을 했던 동료가 이끄는 대학 청년부를 대상으로 한 3일 간의 세미나였다. 마지막 세미나가 토요일 오전이었는데 주제는 창세기 1장과 욥기 38장을 중심으로 한 하나님의 창조 원리였다. 세미나가 중간쯤 지났을까 뒷문으로 누군가 들어왔다. 맨 뒷줄에 앉아 어색해 하는 모습이 척 보기에도 처음 참석한 사람이 분명해 보였다.

"우리는 보이는 것 중에 하나가 아니라 보이지 않는 하나님의 형상으로 창조되었으며 보이는 것은 우리가 다스리는 대상입니다."

이 말로 세미나를 끝마치자, 누군가 다가왔다. 얼굴 표정이 진지했다. 자신이 누구이며 세미나에 오게 된 이유를 먼저 밝혔다. 자신은 애리조나주립대학에서 사회학과 박사학위 논문을 발표할 예정이며 논문 내용은 철학 분야로 실증주의에 관한 것이라고 했다.

"어떤 철학이 옳은 것이라면, 그 철학을 사람에게 적용했을 때는 보편적인 성과가 있어야 합니다. 그렇지 않을 때 저는 딜레마에 빠집니다."

철학도다운 고민이었다. 그는 한 친구에게서 '창조과학 세미나'가 있으니 꼭 참석하자는 간곡한 전화를 받고 휴일 늦잠을 자다 말고 나왔다고 했다. 창조과학이란 말에 무엇인가 이제까지 풀지 못한 실마리를 풀 수 있으리란 예감이 들었단다. 그는 세미나의 끝 부분밖에 듣지 못했지만 창조과학이 '사실'이라는 것이 마음에 와 닿았고, '사람은 보이지 않는 하나님의 형상'이라는 머리털 나고 처음 듣는 알 듯 모를 듯한 말에서 실마리를 찾았다고 했다.

"인간이 하나님의 형상이라니! 제게는 이 사실이 필요했습니다! 인간이 하나님의 형상이라는 것을 알게 되니까 왜 많은 철학이 우리 삶을 바르게 인도하지 못하는지 알게 됐습니다. 인간을 연구하는 학문이 '인간이 누구인가?' 하는 정의를 빠뜨리고 있었으니 제가 고뇌할 수밖에요. 대부분의 철학은 인간을 보이는 것 중 가장 고등한 동물로 취급하죠. 특별히 우수하긴 하지만 그래도 동물 중 하나라고 전제해 버리잖아요.

귀띔강의

하나님께서 욥에게 주신 기원에 대한 질문

"내가 땅의 기초를 놓을 때에 네가 어디 있었느냐?"
– 지구의 기원

"바닷물이 태에서 나옴 같이 넘쳐흐를 때 문으로 그것을 막은 자가 누구냐?"
– 바다의 기원

"땅의 넓이를 네가 측정하였느냐?" – 육지의 기원

"광명의 처소는 어느 길로 가며 흑암의 처소는 어디냐"
– 빛의 기원

"네가 눈 곳간에 들어갔었느냐? 우박 창고를 보았느냐? 비가 아비가 있느냐? 이슬방울은 누가 낳았느냐? 공중의 소리는 누가 낳았느냐?"
– 날씨의 기원

"네가 북두칠성(새번역 성경)을 매어 떨기 되게 하겠느냐? 오리온성좌(새번역 성경)의 띠늘 풀겠느냐?"
– 별들의 기원

"티끌로 진흙을 이루며 흙덩이로 서로 붙게 하겠느냐?"
– 만유인력의 기원

이런 논리가 모두 진화론에서 나온 것 맞지요?"

고뇌하던 젊은 철학자는 진화론의 치명적 결함을 스스로 찾아내고야 말았다. 이어서 쏟아내는 그의 말은 점입가경이었다. 지금까지 배워 왔던 현대 철학 사조의 문제점들을 조목조목 지적하는데, 그의 말에는 '참 지식'에 대한 목마름이 시원히 풀려 기쁨이 넘쳤고, 신기하게도 그는 성경적 관점을 정확히 관통하고 있었다. 중심의 전제가 해결되니 전체가 보인 것이다.

아침에 전화를 걸어 그를 세미나 장소로 불러냈던 친구도 어느새 철학도 친구의 통찰력을 감탄해 마지않았다. 헤어질 때 우리는 도로에 서서 기도했다. 짧은 시간에 그에게 역사하신 창조주 하나님을, 우리를 지으셨을 뿐 아니라 사랑하시는 하나님을 찬양했다. 기도를 마치고 차를 타려고 할 때, 그가 말했다.

"이제부터 제가 무엇을 해야 될지 모르겠습니다."

웃음이 나왔다.

"하나님께서 지금을 가장 기뻐하시겠네요. 하나님께서 가장 기뻐하시는 순간은 바로 형제가 무엇을 해야 될지 모를 때입니다. 모든 것을 하나님께 내려놓는 순간이니까요. 이제는 하나님께서 하실 차례입니다."

11월 말이지만 애리조나의 태양은 따가웠다. 샌디에이고 집으로 운전하는 먼 길이 이 일을 행하신 하나님에 대한 감사로 가득 찼다.

단지 철학도만의 이야기는 아니다. 샌디에이고에서 인류

의 기원에 대한 세미나를 할 때였다. 정치학을 공부하고 있던 분도 같은 이야기를 했다.

"정치학도 결국은 인간을 다루는 학문인데 사람이 누구인지도 모르고 시작하니 문제가 풀리겠나?"

천지창조 미켈란젤로, 1512.

진화론은 하나님의 형상대로 창조된 인간을 사람의 탈을 쓴 원숭이로 바꾸어 놓았다. 동물로 떨어뜨려 버렸다. 하나님을 닮아 가고 모든 피조물을 다스려야 할 존재가 하나님을 버리고 오히려 피조물을 따라 가는 존재로 전락해 버린 것이다. 인간을 다루는 다른 학문에도 심각한 영향을 주었다. 아직도 많은 인본주의 학문은 이 굴레에서 허우적대며 연구를 계속하는 중이다.

창조특강 Q&A 인본주의란?

하나님이 그들에게 복을 주시며 그들에게 이르시되 생육하고 번성하여 땅에 충만하라, 땅을 정복하라, 바다의 고기와 공중의 새와 땅에 움직이는 모든 생물을 다스리라 하시니라(창 1:28)

하나님의 형상을 창조하시고 그들에게 복을 주시며, 해야 할 일을 명령하십니다. 우리는 이를 문화명령(dominion Mandate)이라고 부르지요.

인간을 기준하는 인본주의(humanism)는 두 가지로 나눌 수 있는데요, 세속적 인본주의(secular humanism)와 기독교적 인본주의(Christian humanism)입니다. 세속적 인본주의는 인간이 최고이며 진리는 인간에 의해서 결정된다고 생각합니다. 그래서 정의의 O,X를 인간 스스로 내리지요. 이러한 사고의 위험성은 "나는 누구인가?"라는 질문의 근원을 살피지 않는다는 데 있습니다. 인간이 창조주의 형상인 것을 아는 것은 죄인인 인간이 스스로 알 수 없으므로 감히 상상할 수도 없는 일이지요.

또 다른 문제는 자신이 최고의 존재라고 생각하면 정말로 최고가 되어야 할 텐데 결과적으로는 사람보다도 더 낮은 동물 중의 하나로 전락해 버릴 수도 있다는 것입니다. 믿음으로 모든 세계가 하나님의 말씀으로 지어진 줄을 아나니 보이는 것은 나타난 것으로 말미암아 된 것이 아니니라(히 11:3)라고 기록된 것처럼 하나님에 대한 믿음의 관계가 깨어지면 '무'에서 '유'가 된 것을 알 수 없으며, 반면에 '유'에서 '유'로 되었다고 여길 수밖에 없습니다.

인간은 스스로 보이지 않는 하나님의 형상이라고 말할 수 없습니다. 왜냐하면 하나님의 형상이라는 고백 속에는 하나님을 인정한다는 전제가 따르기 때문이지요. 하나님이 없으면 자신이 하나님같이 될 것 같지만, 자기도 모르게 자신이 누구인지 알 수 없는 미궁에 빠지기 쉽습니다. 그 결과 보이지 않는 하나님의 형상이라는 것을 잊어버리고, 보이는 것에서 존재의 뿌리를 찾다 보면 우주, 자연, 동물 등에서 사람의 근원을 찾게 되기 때문입니다. 그러면 어쩔 수 없이 인간은 우주의 부속품, 자연의 산물 또는 동물 중에 하나로 여겨지게 되지요. 바로 이것이 진화론적 사고의 불행입니다.

반면 기독교적 인본주의는 인간은 하나님의 형상으로 창조되었기에 자신이 귀중한 존재라고 생각합니다. 즉 인간이 귀하지만 하나님이라는 존재를 통해서 자신이 귀하다는 것을 알 수 있지요. 자신이 하나님의 형상이라는 것을 앎으로써 자신은 우주의 부속품이 아니라 그들을 '다스리는' 존재임을 알게 되는 것입니다. 자신을 하나님 아래로 낮출 때, 오히려 인간은 하나님의 형상이라는 귀한 존재로 거듭납니다.

'다스리라' 하는 명령 속에는 인간이 여러 피조물 중에 하나가 아니라, 하나님께서 구분하여 창조주의 형상으로 만드셨다는 의미를 담고 있습니다.

동성애자와 한 주를

우리는 교회에 다니면서도 알게 모르게 진화론의 영향을 많이 받고 있다.

2000년 여름, 미시간에서 온 세 명이 내 아파트에 머문 적이 있다. 샌디에이고에서 사흘간 열린 기독교 학술대회 참석차 온 분들이었다. 한 명은 한국 사람이고 두 명은 미국 사람이었다. 그 중에 한 미국 친구는 처음 볼 때부터 말투나 몸가짐이 조금 특이하다는 느낌이 들었다. 서로 자신을 소개하다 보니 자연스레 내가 하고 있는 창조과학 사역에 대한 이야기로 이어졌다. 말로 설명하는 것보다 아예 창조과학 세미나를 들려주는 것이 좋겠다는 생각에 컴퓨터를 켰다. 인류 기원과 세계관에 대한 내용으로 이야기를 시작했다.

먼저, 진화론자들이 원숭이와 사람의 공통 조상이었다고

주장하는 필트다운인, 네브라스카인, 자바원인, 네안데르탈인, 오스트랄로피테쿠스 등의 그림을 보여 주었다. 이들은 진화론자의 주장과 달리 원숭이류 또는 사람으로 결정 났고 원숭이-인간은 아니었다는 내용도 설명했다. 모두 흥미 있게 들었다.

이어서 진화론의 영향을 받은 세계관을 설명했다.

"진화론은 인류 기원에만 영향을 준 것이 아니라 우리 삶의 너무 많은 부분에 영향을 주었습니다. 그 중 가장 큰 것은 인간에 대한 정의를 흔들어 놓았다는 것입니다. 언젠가부터 우리는 인간을 동물이라 부르는 데 익숙해졌습니다. 사회적 동물, 감정의 동물, 영장류, 고등 동물…. 어느덧 우리는 동물 중의 하나가 되었고 동물 중 최고란 호칭이 자연스러워졌습니다. 어느덧 우리는 보이는 존재 중에 하나가 되었습니다.

하지만 성경에서 하나님은 우리를 보이는 것 중에 하나라고 하지 않습니다. 오히려 보이지 않는 자신의 형상이라고 하셨습니다. 이와 같이 진화론자들은 인간이 누구인가 하는 문제를 보이지 않는 분에서 시작하는 것이 아니라, 보이는 것만 가지고 풀어 보려고 했습니다. 그러다 보니 가장 닮은 존재인 원숭이가 우리의 친척이 된 것이지요. 요즘은 많은 사람들이, 교회에서마저 사람을 만물의 영장이라고 하는데, 이것은 분명히 잘못된 말입니다."

원숭이와 친척이 되었다는 말에 피식 웃기는 했지만 다들 진지했다.

나는 좀 더 나가기로 했다. '동성애'가 진화론의 부산물임

오스트랄로피테쿠스 오스트랄로피테쿠스 중에 가장 유명한 원숭이-인간이 '루시'이다. 루시는 대표적인 과학 저널에서 네 발로 걷는 원숭이류로 분류되었다. 더군다나 가장 중요한 단서로 제공되었던 무릎 뼈는 몸통과 3km 떨어진 곳에서 발견되었다.

네안데르탈인 등이 심하게 굽었다는 이유로 유인원으로 추정되었으나, 후에 비타민D 결핍으로 곱추병에 걸린 사람으로 판명되었다.

귀띔강의

"동성애나 이성애의 기원을 논하려면 암수의 기원에 대해 먼저 거론되어야 한다. 이들은 양성적인 잠재력에서부터 유래되었다. 양성 행위는 진화론적 생물학과 암수 분화의 발생학에서 그 기원을 갖는다."

John Money,
Homosexlality/Heterosexlality:Corcepts of Sexlal Orientation, 1990

을 알려 주고 싶었던 것이다. 동성애자 리더인 존 머니의 글을 읽어 주었다. 암컷과 수컷은 단순한 생물에서 복잡한 생물로 진화하는 과정에서 발생한 것이기 때문에 우리가 동성애의 느낌을 갖는 것은 극히 자연스럽다고 주장하는 내용이었다.

이때 세 친구 중 하나가 반기를 들었다.

"동성애자가 모두 진화론을 믿는 것은 아닌데요?"

당황스러웠다. 순탄하게 진행되던 분위기가 예상치 못한 반격에 맞닥뜨린 것이다. 그런데 이때 나머지 두 친구의 표정이 조금 이상해지는 것이 아닌가? 그에게 불만스러운 눈짓을 던지며, 이럴 줄 알았다는 표정이었다. 그는 분위기에 연연하지 않고 계속 말했다.

"동성애는 선천적인 원인이에요. 자신의 세계관과 상관없이 일어날 수 있는 거라구요."

나는 일단 그 친구를 이해한다고 말하고 성경으로 인류 기원에 대한 이야기를 마무리했다.

세미나를 마치고 나서야 그 상황을 이해할 수 있었다. 다른 두 명의 친구가 말하기를, 그는 과거에 동성애자였지만 예수님을 만나서 많이 치유 받았다고 했다. 그런데 아직까지 성경적으로 동성애의 문제점을 말하려고 하면, 동성애를 옹호하는 자세를 보인다는 것이다.

다른 친구들은 3일간의 학술대회가 끝났기에 먼저 돌아갔지만 그는 샌디에이고에서 해야 할 일이 남아 있어서 3일을 더 머문다고 했다.

'이왕 둘이 있어야 한다면 창조과학의 다른 이야기도 들려주어야지!'

나는 속으로 작정했다. 그도 흔쾌히 승낙했기에 컴퓨터를 켰다. 인류 기원뿐 아니라 노아의 홍수, 지구의 나이, 창세기 1장 등 세 개의 강의를 다루었다. 성경은 사실이고, 진화론이 성경과 세상을 바르게 보는 눈을 빗나가게 한다는 것을 차근차근 설명했다. 한창 설명을 하는데 그가 갑자기 무릎을 쳤다.

"아! 이제 알겠어요. 제가 기독교인이면서도 진화론적 사고방식에 얼마나 큰 영향을 받고 있었는지!"

첫째 날 동성애에 대한 문제가 드러난 이후로 나는 한번도 동성애에 대한 의견을 말하지 않았다. 민감한 부분을 건드릴 것 같아 동성애라는 단어조차 사용하지 않았다. 그런데 그가 먼저 속의 이야기를 털어놓기 시작했다.

"성경이 사실이라는 걸 받아들이기 전엔 몰랐어요. 아무 생각 없이 성경을 읽고 외우기도 하고 그랬는데, 그걸 '사실이다!' 하고 받아들인 적은 없었던 것 같아요. 성경이 사실이란 걸 알고 나니 마음이 참 자유로워요. 동성애가 죄라는 것도 너무 자연스럽게…."

그가 미시간으로 돌아간 후, 함께 왔던 다른 친구와 통화할 기회가 있었다. 나와 함께 나누었던 시간이 그에게 큰 의미가 있었고, 하나님께서 만드신 존귀한 사람으로 축복 속에 생활하고 있다고 했다.

창조특강 Q&A 창세기 1장의 남자와 여자, 2장의 아담과 이브?

하나님이 자기 형상 곧 하나님의 형상대로
사람을 창조하시되 남자와 여자를 창조하시고(창 1:27)

아담과 이브 뒤러. 1504.

성경에서는 하나님께서 사람을 창조하신 상태가 남자와 여자였음을 묘사하고 있습니다.

창세기 1장에서 2장 3절까지는 하나님께서 행하신 창조 사실을 그대로 기록한 반면에 2장 4절부터는 그 창조하신 상태와 함께 특별히 인간 창조에 초점을 맞추고 있습니다. 2장에는 창조된 지구의 상태(4~6), 아담을 지으시는 모습(7), 아담을 이끄시는 에덴 동산의 모습(8~15), 선악과(16~17), 하와의 창조(18~25)에 대하여 구체적으로 보여 줍니다.

그러므로 아담을 창조하시는 2장 7절부터 하와를 창조하시는 2장 25절까지의 장면 모두 엿새째 하루 동안 일어난 내용이 됩니다. 이는 창세기 1장에서 하나님이 안식을 취하신 일곱째 날 전인 여섯째 날 남자와 여자를 창조하셨다고 분명히 언급하고 있기 때문입니다.

하나님께서 하와를 만드신 이유는 아담의 독처함을 좋게 여기지 않으셨기 때문입니다. 성경은 하와를 돕는 배필이라고 기록하고 있지요. (2:18) 하나님께서는 아담을 깊이 잠들게 하시고 갈빗대를 취하여 살로 대신 채우셔서 하와를 창조하셨습니다.

   이러한 일련의 사건을 창세기 1장 27절에는 사람을 창조하시되 남자와 여자로 창조하셨다고 기록하고 있습니다. 또한 남자와 여자 모두 하나님의 형상이라고 하셨습니다. 바로 동등한 인격체로 서로 돕는 관계임을 분명히 하고 있는 것입니다.

2 창세기는 눈에 보이는 사실이다

내가 만든 하나님?
나를 만든 하나님?

나를 만드신 분은 지금도 '사실'로 존재하신다.

1991년 미시간주립대학 기숙사에 도착했을 때였다. 누군가 방문을 두드렸다. '방문할 이 하나 없는 내게 누구?' 하고 열어 보니 처음 보는 한국 사람 두 명이 서 있었다. 그들은 손님답지 않게 당당히 말했다.

"기숙사에서 금요일마다 대학원생 성경 공부가 있는데 참석하실래요?"

태어날 때부터 교회를 다녔기 때문에 부담은 없었다. 교회 문화가 익숙했기 때문이다. 기도 모임에 참석하면서 자연스레 그 분들과 같은 교회에 다니기 시작했다. 그때 최동규 집사님(현재 부산대학교 러시아어과 교수)을 만났고 그는 미시간에 있는 동안 나의 영적인 형님이 돼 주셨다. 당시 요한복음으로 성경 공부를 인도하셨는데, 성경 공부에 대해 전에 몰랐던 흥미를 일깨워 주시기도 했다. 편안하면서도 탁월한, 뜨거운 말씀이 녹아 있는 인도였다.

미국 유학 생활은 언어 문제와 학교생활 적응에 대한 문제로 홀로 가기 힘든 길이었다. 한국에서보다 더 많이 기도했다. 태어날 때부터 교회에 다닌 내게 기도는 자연스러운 것이었다. 그러나 그때 기도하는 마음에는 방해 요소가 있었다. 미국에 와서 생긴 방해가 아니라 한국에 있을 때부터 기도할 때면 끼어들던 방해물이었다. 열심히 기도하면서도 뜬금없이 이런 생각이 튀어나오는 것이다.

"나도 이제 광신자가 되는 건가? 형편이 어려우니까 내가 만들어 놓은, 내가 필요한 존재에게 나를 위하여 기도하게 되는구나."

기도는 분명히 '나를 만든 하나님'께 하는 것인데, 그 당시 나는 '내가 필요로 해서 만든 분'에게 기도하고 있다는 생각에 괴로웠다. 그렇지만 기도하지 않을 수 없는 상황이 계속해서 닥쳐왔다. 악순환이 이어졌다. 이러한 상황이 가져오는 무거움은 기도를 하면 할수록 증폭되었다. 더욱 가관인 것은 그러면서도 "남들도 다 그럴 거야." "믿음이 이런 거지, 뭐."라며 스스로를 위로하면서 기도하는 내 모습이었다.

허우적대는 기도 생활 중에 유년 시절의 기억 하나를 끄집어내어 끙끙대기도 했다. 유년부 주일학교 때 서울의 장충교회를 다녔는데, 커다랗게 보이던 예배당, 널따란 교회 마당,

무서웠던 사찰 집사님, 새벽부터 일어나 갔던 여름성경학교, 야유회, 전도사님 설교 등 몇 가지는 30년이 지나도 생생하게 남아 있었다. 그 가운데 한 가지, 내 신앙의 빈약한 심장을 두드리며 진단해 보는 기억이 있다.

초등학교 4학년 때 주일 성경 공부 시간이었다.

"선생님, 나는 가끔씩 하나님이 없는 것 같아요."

나의 질문에 선생님은 진지하게 머리를 끄덕이며 이해한다는 표정을 지으셨다.

"사실 나도 가끔씩 그런 생각이 든단다."

그때의 대화는 어쩌면 쉽게 잊혀질 만한 작은 사건이었는데도, 그때 나의 느낌, 친구들의 얼굴, 주변 상황, 선생님의 얼굴과 이름까지 또렷하다. 이때 선생님의 간단하면서도 무던했던 대답. 하나님에 대한 확신 없는 대답은, '부모님도, 장로님도, 목사님도 모두 이런 궁금증을 가진 채로 교회를 다니시는구나.' 하는 생각을 갖게 했다. 어렸던 나에게 하나님이 있는지 없는지는 중요한 문제였다. 하나님은 곁에 있는 부모님, 목사님과 달리 눈에 보이지 않았기에 그랬다. 너무 그 상황을 믿어 버린 탓일까? 이후로 '하나님의 존재하심보다는 그러리라 믿고 있는 내 자신이 중요한 것이구나.'라고 생각하게 됐다. 만약 선생님께서 "하나님은 분명히 계시고말고! 나는 완벽한 별과 생물 그리고 내 모습을 보며 하나님께서 이 세상을 창조하신 것을 확신한단다."라고 해주셨다면…. 청소년기에 교회를 떠나 있지 않고, 더 일찍 예수님을 만났을지도 모르겠다. 나는 언제나 선생님의 흐릿한 대답을 핑계로 교회에 열심히 다니지 않았고, 그것은 미국 유학 생활 때도 마찬가지였다.

어느 날 기숙사에 한 형제가 찾아왔다. 정선호 형제(현재 건국대학교 미생물공학과 교수)였다. 교회에서 처음 만났을 때 "지금까지 지질학을 전공하는 사람을 기다렸다."며 반가이 맞아 주었는데, 얼마 되지 않아 내 기숙사에 찾아온 것이다.

기숙사 바닥에 같이 앉았는데 앉자마자 거두절미, 이야기를 쏟아 놓았다.

"재만 형제, 진화는 틀렸고 창조는 맞는 것 알지?"

거침이 없었다. 당연히 창조를 믿고 있을 거라 가정하고 반응할 여유조차 주지 않았다. 그런데 이 형제가 말하는 것 중에 많은 것이 지질학 내용을 포함하고 있었다. 화석, 석탄, 지층 등의 용어가 번번이 등장했다. 당시에 지질학 석사학위를 갖고 있던 나는 비전공자가 지질학 전문 용어를 써 가면서 설명하는 것이 썩 기분 좋지는 않았다. 하지만 놀랍게도 그의 거침없는 이야기 중에 많은 부분이 매우 설득력 있었다. "중간 단계 화석✚이 발견된 적이 없고, 화석의 모든 지질시대가 발견되는 지역이 없고, 화석이 만들어지는 것은 갑작스런 매몰에 의해서만 가능하다."는 등이었다. 따발총처럼 이어지는 정신없는 설명이 한 두어 시간 지나갔다. 그의 설명이 끝나자 '뭔가 모르고 있었다. 뭔가 놓쳤었구나!' 하는 생각을 떨칠 수 없었다. 내심 충격은 받았으나 전공자가 비전공자에게 내색하기도 뭐해서 그에게 별 반응을 보여 주지 않았다.

중간 단계 화석 발견된 적 없는 중간 단계 화석을 빠진고리라고 하는데 빠진고리(missing link)는 생물이 과거에 진화 과정을 겪었다는 가정하에 생물군 사이의 관계를 예상해서 만들어 놓은 상상물을 의미한다.

진화론자들이 가장 고심했던 빠진고리는 기어 다니는 파충류와 날아다니는 새를 연결시킬 화석, 시조새이다. 그러나 지금 전공자의 대부분은 시조새를 완전한 깃털을 갖고 있는 새로 결론을 내렸다. 새에 대하여 가장 권위 있는 학자 알랜 파두치아는 《사이언스》지에서 "고생물학자들은 시조새가 땅에서 걷는 날개 가진 공룡으로 해석해 왔다. 그러나 그렇지 않다. 이는 하나의 새며 잔 가지에 앉을 수 있는 새이다. 어떠한 말로도 이를 바꿀 수 없다(Alan Feduccia, *Science*, "Archaeo pteryx: Early Bird Cat ches a Can of Worms", 1993)"고 결론을 내렸다.

Genesis Flood(1961)

방사성 동위원소 연대 측정법
C-14가 만들어지는 것은 지구 밖에서 오는 우주선(cosmic ray)이 대기 중의 N-14에 부딪쳐 발생된다고 한다. 발생된 C-14는 CO_2의 형태로 살아 있는 동식물에 들어가고 이들이 죽게 되면 더 이상 호흡과 음식 섭취를 하지 않아 C-14가 들어갈 수 있는 경로가 폐쇄되기 때문에 체내의 C-14는 시간의 경과에 따라 N-14로 붕괴된다. 그러나 N-14는 기체이므로 날아가 버리고 남아 있는 C-14의 양을 가지고 연대를 측정한다. 즉 C-14의 양이 체내에 많이 남아 있으면 덜 오래된 것이며, 그 C-14의 양이 적으면 그만큼 오래된 것으로 계산되는 것이다.

얼마 후 그는 한 권의 책을 들고 내 방으로 다시 왔다. *Genesis Flood*(창세기 홍수)라는 영어로 된 책이었다. 약500쪽에 달하는 두꺼운 책이었는데 현대 창조론의 아버지라 불리는 수리학자 헨리 모리스 박사와 신학자인 위트컴 박사가 공저한 책으로, 노아 홍수에 대하여 지질학적으로 자세히 접근해 현대 창조과학 부흥을 일으킨 책이었다.

"난 지질학을 자세히 몰라. 지난번에 재만 형제에게 만족할 만한 답을 주지 못했던 것 같아. 이 책이 많은 도움이 될 거야. 그리고 읽은 다음에 나에게도 설명을 해줘."

난생 처음으로 창조과학 책을 보게 된 것이다.

책을 받았을 때 몇 가지 생각이 교차되었다. 하나는 지난번에 정선호 형제가 기숙사에 찾아와서 설명했던 내용을 확인할 수 있을 것이라는 기대감이 있었지만, 다른 하나는 내가 동의할 수 없는 내용이 있어서 그나마 아슬아슬 유지해 온 신앙이 무너지지 않을까 하는 불안감이었다. 지금까지 공부해 온 지질학도 고민이 됐다. 앞으로 지질학에 모든 것을 걸기 위해 이곳에 왔는데 혹시 나의 계획에 차질이 생기지는 않을까 하는 부담이 한구석에 자리 잡은 것이다.

이러저러한 고민도 잠시, 이 책은 여는 순간부터 나의 마음을 사로잡았다. 화석, 지층, 석탄, 지질 시대표, 방사성 동위원소 연대측정법♣ 등 친근한 지질학적 용어가 등장했다. 하지만 핵심 내용은 지질학의 역사가 지금까지 들었던 시간에 의한 해석이 아닌 전지구적 대격변에 의해서만 설명 가능하다는 내용이었다. 그리고 그 내용은 기존에 지질학이 갖고 있는 딜레마를 명쾌하게 해결해 주는 게 아닌가! 무엇보다 대격변이 성경의 노아 홍수 기록과 맞아 떨어진다는 사실은 큰 충격이었다! 책을 읽어 갈수록 기존 지질학이 얼마나 진화론과 동일과정설*의 패러다임에 갇혀 있었는지 발견하게 되었다. 그리고 그 패러다임에서 벗어나 지질학적 증거들을 검토해 보면 지구상에는 오늘날과는 비교도 할 수 없는 대격변의 사건이 있어야만 한다고 했다. 더 중요한 것은 이 대격변의 사건은 창세기에 기록된 노아 홍수로만 설명 가능하다는 것이었다. 책을 읽으며 이러한 부분은 나에게도 그대로 적용되었다. 기존의 내가 갖고 있었던 지질학 지식은 성경적 지질학을 이해하는 데 큰 도움을 주었다. 그러니까 기존 지질학 데이터가 진화론의 문제점을 발견하는 것뿐 아니라 더 나아가 성경을 바르게 이해하는 도구로 자연스럽게 사용된 것이었다.

동일과정설과 격변설 과거 지구역사에 대하여 추측하는 방법은 크게 두 가지가 있다. 하나는 과거에도 지구가 오늘날과 동일한 자연과정을 겪었을 것이라는 이론, 동일과정설(uniformitarianism)이고, 다른 하나는 과거에는 오늘날과는 다른 격변적 사건을 경험했을 것이라는 이론, 즉, 격변론(catastro phism)이다.

책을 읽으며 부정할 수 없게 되었다. "이 세상은 누군가에 의해 창조되지 않았을 수 없구나…!" 그리고 그 창조자가 바로 성경에서 말하는 그 하나님이 아닐 수 없다는 사실을 받아들이게 됐다. 큰 변화였다. 이제는 내가 기도하는 대상이 내가 상상한 내가 만들어 낸 하나님이 아니라, 나를 만드신 그분이 되었기 때문이다. 내가 그분을 믿든 믿지 아니하든 중요하지 않았다. 나와 상관없이 그분께서는 항상 동일하게 계신 것이다. 이제 자리가 바뀐 것을 확인했다. 내가 아니라 그분이었다. '사실'을 알게 되었다. 믿고 있는 '나' 보다 내가 믿든 믿지 않든 여전히 하나님이신 '그분'이 중요했다.

나중에 알았지만 정선호 형제는 나를 만나기 몇 개월 전에 최인식 집사님(현재 창조과학선교회 회장)의 강연을 교회에서 몇 번 들었는데 그때 처음 창조과학을 만났다고 했다. 기쁨과 열정이 최고조에 다다랐을 때 나를 만나 그 열정이 자연스레 나에게 전달된 것이다.

그 후로 정선호 형제와는 자주 만났다. 물리화학 책을 같이 보며 하나님의 완벽한 디자인에 놀라고, 성경 보고, 찬양하고…. 그때 정선호 형제는 결혼한 상태였고 나는 아직 미혼이었는데 밤늦게 실험실에서 있다가 집으로 향하지 않고 내 기숙사로 와서 성경 읽고 찬양하다가 아침을 맞이한 적도 몇 번 있었다. 하여간 그때 내 머릿속에는 성경과 창조과학으로 가득 차 있었다.

그러던 어느 날, 갑작스레 비장한 호기심이 발동했다. "이것 틀렸으면 성경 틀렸다!" 싶은 부분이 떠오른 것이다. 도저히 확인하지 않고는 견딜 수가 없어 침대에서 일어나 곧장 책상으로 달려갔다. 계산기로 계산을 하며 도표를 그리기 시작했다. 갑자기 창세기에 나오는 노아의 아버지와 할아버지가 걱정이 되었기 때문이었다.

"홍수 전에 900살 이상씩 살았고, 노아가 600세 때 홍수가 시작됐다고 했어. 그렇다면 노아 아버지 라멕과 가장 오래 살았다는 할아버지 므드셀라가 홍수 이후까지 살았다면 어떡하지? 성경에는 분명 홍수 동안 노아 가족 여덟 명만 살아남고 모두 죽었다고 했잖아!"

아담에서 노아까지 창세기 5장을 보며 아들을 낳은 나이와 죽은 나이를 고려해서 막대그래프를 그리기 시작했다. 놀랍게도 므드셀라는 홍수 나던 해에, 라멕은 홍수 나기 5년 전에 죽은 것이었다. 오차가 없는 성경을 다시 한 번 확인하고 너무나 기뻤다.

다음 날 정선호 형제를 만나자마자 어젯밤 계산했던 창세기 5장의 족보 이야기를 했다. 그러자 그는 "나도 그거 해 본 적 있어!" 하는 것이 아닌가. 우리 두 사람은 성경은 정말 놀라운 책이라고 고백했다.

창조특강 Q&A 창세기 족보는 어떻게 생겼을까?

그림은 창세기 5장과 11장의 족보를 연결하여 만든 것입니다. 각 사람의 왼쪽에 있는 숫자는 다음 자손을 낳은 나이며 오른쪽에 있는 숫자는 죽은 나이입니다. 아담의 예를 들면 그는 130세에 셋을 낳고 930세에 죽었습니다. 죽지 않고 하늘로 올라갔던 에녹은 노아의 증조 할아버지며 969살까지 장수한 므두셀라는 노아의 할아버지입니다. 9명의 홍수 이전의 족장의 평균 나이는(죽지 않은 에녹을 제외하면) 912세로 모두 지금의 10배 이상이었습니다. 성경에서는 이들 나이를 기록하면서 왜 이들이 이렇게 오래 살았는지 아무런 보충 설명 없이 단호하게 써 나가고 있습니다.

오늘날 어느 과학자도 사람이 무슨 이유로 죽는지 알지 못합니다. 인간이 왜 100년밖에 살지 못하는지 알지 못합니다. 생명이나 죽음의 직접적인 원인은 과학적으로 접근할 수 있는 영역이 아니기 때문이지요. 단지 과학자는 살아 있는 것과 죽은 것의 차이만 묘사할 뿐입니다. 과학자가 왜 죽는지 모르는 것은 어쩌면 당연합니다. 과학자는 아직까지도 왜 사는지를 모르니까요. 생명이 무엇인지 모릅니다. 아는 것은 단지 생물과 무생물의 차이점을 나열하는 정도이지 "왜"에 대하여는 손도 댈 수 없습니다. 순서로 봐도 왜 사는 것을 알아야 왜 죽는지 아는 것 아닐까요?

성경에서는 원래 영원히 살도록 창조되었으나, 죄로 인한 하나님의 벌로 죽음이 왔다고 합니다. 이러므로 한 사람으로 말미암아 죄가 세상에 들어왔고, 죄로 말미암아 사망이 왔나니(로마서 5:12) 그러므로 사람이 처음에 영원히 살도록 창조되었다는 것을 안다면 900살 이상씩 살았던 것이 이상할 것이 없습니다.

또한 족보를 보면 어느 순간부터 수명이 갑자기 줄기 시작하는 것을 볼 수 있습니다. 바로 노아 홍수 이후입니다. 분명히 노아 홍수 때 노화를 촉진하는 어떤 사건이 있었음에 틀림없습니다. 노화에 대하여 여러 이론이 있지만 가장 확실한 증거는 돌연변이설입니다. 돌연변이는 체내 세포 구조 안에 갑작스럽고 불규칙한 변화를 말합니다. 또한 체내 세포보다는 잘 보호되지만 생식세포도 유전적 돌연변이가 일어납니다. 지금의 여러 환경 요소가 돌연변이를 일으킵니다. 그 중에 방사능이 가장 큰 요인이라 꼽히며 이는 대부분 태양으로부터 옵니다.

재미있는 것은 성경에는 노아홍수 이전에 궁창 위의 물(창 1:7)이 있었다고 말합니다. 이들이 보호막 역할을 해서 홍수 이전에 방사능은 현재보다 훨씬 적었고, 홍수 이전 사람들의 긴 수명에 중요한 역할을 했을 가능성이 있습니다. 그 궁창 위의 물이 홍수 동안에 모두 쏟아졌다고 하였고 여지없이 그 후에 살았던 사람들에게 수명감소를 일으켰을 것입니다. 우리는 과학적인 접근을 통해서도 성경에 기록된 홍수 사건 후 수명이 단계적으로 감소하였다는 것에 설득력 있는 답을 얻을 수 있습니다.

몽학 선생

창조과학은 몽학 선생이 되어 나를 복음 앞으로 나오게 했다.

미시간에 있으면서 나는 창조과학을 통해 하나님을 믿는 분명한 이유를 얻고 신앙 생활에 활력을 얻었지만 한편으로는 갈등을 많이 겪었다. 우선은 기존 지질학이 갖고 있는 잘못된 패러다임만 눈에 들어오고 진화론적 지질학을 공부하는데 흥미를 잃어버렸기 때문이었다. 지질학 공부에 대한 흥미가 떨어지자 유학 오면서 머릿속에 그렸던 계획이 막연해졌다. 하나님을 만나 기뻐야 하는데 오히려 부담이 되어 버렸다. 다른 하나는 창조의 하나님이 성경에서 말하는 그분이라는 확신이 있었는데도 내 마음에 채워지지 않은 것이 있었다. 이것은 남들은 눈치 채기 어려운 것이었다. 교회에서는 찬양

인도도 하고 창조과학의 열변을 토하는 신앙이 아주 좋은 사람처럼 보였을 테니까.

  가장 큰 부담(?)은 내가 믿는 창조자가 '사실'이라는 것이었다. 이제 정말 '사실'을 믿게 된 것이다. 사실에 대한 확신이 내 삶을 지속적으로 기쁘게 할 것 같았지만 꼭 그렇지는 않았다. 사실이라는 것이 오히려 더 큰 부담으로 다가왔다. 이제 정말 하나님께서 살아 계셨다. 그런데 아무리 내 생활을 둘러보아도 내 모습은 하나님께 다가갈 수 있는 존재로 보이지 않았다. 성경에는 천국이 있다고 써 있는데 내 자신을 아무리 돌아보아도 그곳에 갈 수 있다는 확신이 없었다. 이것은 성경을 알기 전에는 느끼지 못했던 또 다른 갈등이었다.

  그때 교회에서 창조과학 세미나가 열렸다. 나도 드디어 처음으로 창조과학 세미나를 듣게 된 것이다. 강사는 시카고에 있는 김석화 박사님이었다. 찬양이 끝나고 슬라이드와 함께 세미나가 시작되었는데 강연 시간은 40여 분밖에 되지 않았다. 큰 기대를 가지고 앉았던 나는 다소 실망하였다. 왜냐하면 세미나 내용은 아주 기본적인 것만 다루었고 이것들은 모두 이미 내가 다 알고 있던 내용이었기 때문이었다. 나중에 드는 생각이지만 그때 김 박사님께서 사용하신 슬라이드는 창조과학 기본 내용을 담은 한국창조과학회 보급형으로 제작한 슬라이드 같았다.

  하지만 세미나는 거기서 끝난 것이 아니었다. 오히려 시작이었다. 김 박사님께서는 슬라이드를 모두 보여 주신 후 질문하라는 말씀도 않으시고 가만히 서 계셨다. 몇몇 사람이 질문을 시작하면서 자연스럽게 분위기가 변했다. 이때 김 박사님께서 하시는 답변이 인상적이었다. 예를 들면 누군가가 "창세기 1장의 하루가 오늘날의 하루입니까?" 하고 물으면, "성경에 그렇게 쓰여 있잖아요." 하시고는 표정도 없이 출애굽기 20장 11절을 읽으셨다.

이는 엿새 동안에 나 여호와가 하늘과 땅과 바다와 그 가운데 모든 것을 만들고 제 칠일에 쉬었음이라

그것이 답의 전부였다. 어떤 질문에는 "그건 잘 몰라요."라고 태연하게 대답하셨다.

그러면서 또 질문에 관한 성경을 찾아 읽으셨다.

이러한 답변이 처음에는 좀 답답하기도 했으나, 질문하면 이에 대하여 성경으로 답하시고 또 질문하면 성경으로 답하시는 것이 반복되는 동안 점점 색다른 분위기가 되어 갔다. 모인 사람들은 자신의 궁금증에 대하여 성경이 어떻게 말하고 있는지 기대하는 마음을 갖기 시작했다. 그러니까 김 박사님께서 성경을 찾으시는 모습에 신기해 하면서도 성경 자체의 답변이 사람들의 마음을 움직인 것이다.

저녁 식사 후 시작했던 세미나는 다음날 새벽 네 시가 넘어서야 끝이 났다. 밤을 샌 것이었다! 시작할 때 모였던 많은 사람은 이미 집으로 돌아가고 열 명 정도만 끝까지 남아 있었다. 끝까지 남았던 사람에게는 확신이 생겼다. '성경에 답이 있다!' 우리가 모르는 것은 과학도 과학이지만 성경이었다. 나 개인적으로는 '과학으로 답하는 것보다 성경으로 답하는 것이 훨씬 설득력 있는 최고의 방법이구나!' 라는 것을 깨닫는 중요한 기회였다. 나중에 본격적인 창조과학 사역을 하면서 성경적인 결론을 내리는 방법은 이때 김석화 박사님의 세미나에서 받은 영향이었다. 실제로 사역하면서도 항상 느끼는 것은 아무리 과학적인 내용을 설명하더라도 성경에서 말하는 결론 한마디가 성경을 믿는 사람이든 아니든 그 마음속에 가장 확실한 정리를 해 준다는 것이다.

그 후 성경을 읽어야겠다는 생각이 강하게 들었다. 성경을 읽고 싶어 하던 교회 청년부 후배들과 모였다. 처음에는 나와 조영봉, 박인곤 이렇게 세 명이 시작했다. 장소는 조영봉의 방에서 밤 11시부터 30분간 하기로 했다. 월요일부터 주일까지 하루도 빠짐없이 모여 성경을 읽었다. 로마서를 읽기 시작했는데 매일 10절 정도씩 읽고 나누는 방식이었다. 얼마나 재미있었는지 약속한 30분 내에 마친 적은 거의 없었다.

성경을 잘 모르던 우리에게 어려운 내용도 많았다. 그럴 때 성령님께서 함께하셨다. 어려운 내용을 만났을 때도 뜨거운 마음이 사라지지 않았다. "야 이건 정말 모르겠다."라고 고백하면서도 가슴이 뜨거워지는 것이었다. 기도에 즉시 응답하시는 하나님을 체험하기도 했다. "우리 모임에 한 명이 더 늘었으면 좋겠습니다." 기도를 했을 때 세웅이라는 친구가 곁을 지나가다 바로 동참하게 되었다. 어려운 구절을 만나 "이럴 때 동규형이 있었으면 물어봤을 텐데."라고 말하자마자, 노크 소리가 나서 보면 "너희들 어떻게 하고 있는지 궁금해서 와 봤다."라며 동규형이 거기 있었다. 성령님께서는 그 외에도 여러 방법으로 모임을 격려하셨다.

성경은 창조과학과는 또 다른 느낌이었다. 언젠가부터 혼자 성경 읽는 시간을 갖기도 했고, 성경 모임 시간까지 기다리지 못해 그날 할 내용을 혼자 미리 읽은 다음 모임에 가기도 했다. 혼자서 로마서 7장을 읽을 때였다. 사도 바울의 갈등을 기록한 부분이었다.

죄가 기회를 타서 계명으로 말미암아 내속에서 각양 탐심을 이루었나니(롬 7:8)

전에 법을 깨닫지 못할 때에는 내가 살았더니 계명이 이르매 죄는 살아나고 나는 죽었도다(롬 7:9)

죄가 기회를 타서 계명으로 말미암아 나를 속이고 그것으로 나를 죽였는지라(롬 7:11)

곧 원하는 이것은 행하지 아니하고 도리어 미워하는 그것을 함이라(롬 7:15)

내가 원하는 바 선은 하지 아니하고 도리어 원치 아니하는 바 악은 행하는 도다(롬 7:19)

다메섹 도상의 사도 바울 카라바지오.

놀라웠다. 당시 내 심정을 성경은 그대로 말하고 있었다. 내가 해야 할 말을 성경이 하고 있었다. 성경 앞에 선 나 자신을 보고 있는 것이었다. 죄를 짓기 싫은데 피할 수 없는 내 모습, 그리고 사실인 성경 앞에서 내 자신이 어쩔 수 없는 존재임을 고백하는 내 모습과 너무나 똑같았다.

정신없이 읽어 내려갔다. 사도 바울의 고백이 바로 나의 고백이 되어 "이건 나다! 나야!"라며 읽어 내려갔다. 그런데 7장 끝부분에서 사도 바울이 오호라 나는 곤고한 사람이로다(롬 7:24)라고 고백하는 것이 아닌가? 그가 죄에 대하여 아무것도 조절할 수 없는 괴로운 존재임을 부르짖고 있었다. 내 심정을 대변하는 것 같았다. 거기까지 나와 똑같았다. 그러나 그 다음 사도 바울의 고백은 나와 달랐다. 우리 주 예수 그리스도로 말미암아 하나님께 감사하리로다(롬 7:25) 왜 감사가 나오는지 이해할 수 없었다. 감사는 무슨 감사인가? 지금 내 자신이 괴로운데…. 그런 마음을 갖고 다음 장으로 넘어갔다.

그러므로 이제 그리스도 예수 안에 있는 자에게는 결코 정죄함이 없나니 이는 그리스도 예수 안에 있는 생명의 성령의 법이 죄와 사망의 법에서 너를 해방하였음이라(롬 8:1)

아! 이 구절을 읽어 내려가는 동안 흐르는 눈물을 억제할 수 없었다. 너무 기뻤다. 어렸을 때부터 주일학교에서 수없이 듣던 말, "예수님께서 너의 죄를 위해 십자가에서 돌아가셨다." 그 말씀이 무엇인지 이제야 알았다. 지금까지 내가 왜 이렇게 힘들어 했는지 그때야 알았다. '죄' 때문이었다. 그때까지 하나님께서만 하실 수 있는 죄를 내가 해결하려고 했던 것이다. 그 죄 때문에 하나님이신 예수님께서 나를 위해 이 땅에 오시고, 내가 죽어야 하는 대신에 나를 위해 십자가에서 돌아가신 것을 알았다. 그제야 하나님께 갈 수 있다는 확신이 들었다. 십자가에 달리셨던 예수님과 함께 간다는 사실을 깨달았다.

그때서야 나는 창조주 하나님을 만났을 뿐 아니라 그분께서 나를 얼마나 사랑하시는지도 알게 되었다. 이제는 부정할 수 없는 것이 하나 더 추가되었다. 성경에서 말하는 '하나님께서 이 세상을 창조하셨고 창조자께서 우리를 정말 사랑하신다.' 는 사실이다. 그래서 이 땅에 오신 분이 예수 그리스도라는 것이다. 천국이 보였다. 이 기쁨은 창조과학과 창세기를 통해서 창조자 하나님을 만났던 것과는 또 다른 느낌이었으며 그와 비교할 수 없는 감격이었다.

창조과학은 나에게 중요한 역할, 율법의 역할을 했다. 율법이 우리를 그리스도에게로 인도하는 몽학 선생이 되어 우리로 하여금 믿음으로 말미암아 의롭다 함을 얻게 하려 함이니라(갈 3:24) 율법은 자신은 어쩔 수 없이 죄인이며 어쩔 수 없는 존재라는 것을 깨닫도록 하고, 결국에 죄를 해결해 주시는 예수 그리스도께 인도하는 몽학 선생의 역할을 한다고 했다.

이와 같이 창조과학은 성경이 사실임을 보여 주며 내 자신이 성경 앞에서 어쩔 수 없는 존재임을 깨닫게 하는 역할을 했다. 거룩하신 하나님의 말씀 앞에서 죄인일 수밖에 없는 자신을 발견하게 했으며, 이 순간 예수 그리스도의 복음이 들어온 것이다. 하나님께서 지질학을 공부했던 나를 예수님께 인도하기 위하여 창조과학이라는 훌륭한 도구를 사용하신 것이다.

하나님께서는 "내가 창조자다." 라는 창조자의 위치에서 그치고 싶어 하지 않으신다. 하나님께서는 창조주가 우리를 얼마나 사랑하는지도 알기를 원하신다. 그러니까 그리스도를 통하여 '사랑의 창조주' 를 고백하기까지 기대하시는 것이다. 그런 면에서 창조과학은 그 자체가 사역의 궁극적인 목표가 아니라 성경으로 가도록 하는 통로이다. 예수 그리스도의 복음으로 인도하는 몽학 선생 역할이다. 과학이 우상화되는 오늘날 하나님께서 사용하시는 훌륭한 몽학 선생 말이다.

창조과학 사역을 전임으로 하고 싶은 생각이 들었을 때를 회상해 보면 예수님을 영접했을 바로 그때였던 것 같다.

창조특강 Q&A 1장을 믿어? - 1장 1절이 왜 중요할까?

> 만물이 그에게 창조되되 하늘과 땅에서 보이는 것들과
> 보이지 않는 것들과 혹은 보좌들이나 주관들이나
> 정사들이나 권세들이나 만물이 다 그로 말미암고
> 그를 위하여 창조되었고(골 1:16)

태초에 하나님이 천지를 창조 하시니라(창 1:1) 성경 66권 중에 첫 번째 책인 창세기, 그중에서도 첫째 문장입니다. 이 첫 번째 구절은 '시작 beginning', '하늘 heaven', '지구 earth'를 동시에 창조하시는 모습을 그리고 있습니다. 시간, 공간, 물질을 동시에 창조하신 것입니다. 그 중 첫 번째 물질이 무엇이었을까요? 바로 우리가 거하는 지구입니다.

어려운 물리 이론을 펴지 않더라도 시간 없이 공간과 물질의 존재는 불가능하다는 사실을 알 수 있습니다. 공간 없이 시간과 물질이 있을 수 없고, 물질 없이 시간과 공간이 있을 수 없습니다. 그런데 성경에는 하나님이 첫날 '시간', '공간', '물질'을 동시에 창조하셨다고 기록하고 있습니다. 참으로 놀라운 일이죠?

세 가지 중에 공간에 대하여 나누어 보겠습니다. 공간이라는 것은 기능이 전혀 없는 것이 아니라, 인력이라는 매개체 역할을 합니다. 뉴턴의 만유인력 법칙이 좋은 예지요. 공간은 물질 존재에 필수 불가결한 매개 기능을 합니다. 욥기에 보면 하나님께서 욥에게 직접 말씀하십니다. 티끌로 진흙을 이루며 흙덩이로 서로 붙

게 하겠느냐?(욥 38:38) 이 말씀처럼 누군가가 애초에 공간에 기능을 부여하지 않았다면, 우주의 물질은 모양을 갖출 수 없습니다.

  태초에 하나님이 천지를 창조하시니라는 말씀은 무엇을 말할까요? 무에서 시간과 공간과 물질, 무에서 유를 창조하시는 모습은 우리에게 'Nothing impossible'로 다가옵니다. 우리는 Nothing impossible이신 하나님의 능력을 고백하며, 더 나아가 6일간의 모든 창조 역사를 그대로 받아들일 수 있습니다. 더 나아가 성경 전체에서 말하는 이적을 포함한 하나님의 구원 사역까지 받아들일 수 있는 것입니다. 만약에 어떤 사람이 "나는 창세기 1장 1절은 믿지만 연이어 행하신 6일간의 창조는 믿지 않는다."고 한다면, 그 사람은 아직도 창세기 1장 1절을 확실히 이해한 것이 아닙니다. 바르게 믿는 것이라 할 수 없습니다.

  분명히 짚고 넘어가야 할 것은 우리의 경험을 통해서 창세기 1장 1절을 믿는 것이 아니라, 창세기 1장 1절이 사실이라는 믿음을 통해서 우리 경험 중에 무엇이 문제인지 발견하는 것입니다. 하나님의 계시에 대한 믿음이 먼저이지, 나의 경험이 먼저가 아니기 때문이지요.

지옥을 믿지도 않는 사람이!

지옥을 믿지 않는 사람이 하나님을 비판한다는 것은 논리적으로 맞지 않다.

미국 유학 생활 중 새 학기가 시작할 때면 공항에 나갈 기회가 자주 온다. 이때 처음 학교로 오는 사람을 맞아 오는데, 교회로 인도하는 좋은 기회였다. 공항에서 만나 기숙사로 오는 30여 분, 나는 차 안에서 간증과 창조과학 내용을 이야기했다.

"무얼 공부하러 오셨나요? 저는 지질학입니다. 그런데 저는 진화론 믿지 않아요. 진화론 아시죠? 믿으세요? 원숭이와 사람 사이에 아무 것도 없다는 것을 저는 잘 알아요. 오스트랄로피테쿠스, 네안데르탈인 뭐 이런 것 들으신 적 있죠? 하지만 이들 모두가 원숭이면 원숭이, 사람이면 사람으로 판명된 것 아세요? 우리는 동물 중에 하나가 아니에요. 교회 다니세요? 저는 교회 다닙니다. 그런데 성경에서는 사람을 뭐라고 하는지 아세요? 사람은 동물 중에 하나가 아니라 하나님을 닮았다고 해요. 저는 이걸 믿어요."

대충 이렇게 시작한다. 그런데 놀라운 것은 이 짤막한 소개가 처음 만난 사람의 마음을 움직인다는 것이었다. 어떤 사람은 그 자리에서 질문을 던지기도 하지만 대부분은 이 사실을 매우 놀라워했다. 처음 들어 본다는 것이었다. 그리고 원숭이와 사람 중간 단계가 없다는 것을 정말 중요하다고 느꼈다. 이 방법은 처음 만난 사람뿐 아니라 캠퍼스에서 가끔씩 만난 사람에도 똑같이 적용되었고, 교회와 성경 공부에 합류하게 하는 훌륭한 도구로 사용되었다.

교회 청년들 중에는 겨울방학 때도 한국에 돌아가지 않는 학생들이 있었다. 겨울방학은 한 달도 채 되지 않았지만 그동안 창세기 1장에서 11장을 나누고 싶은 마음이 생겨 매일 모이기로 했다. 막상 시작하니 효과는 예상했던 것 이상이었다! 짧은 기간이었지만 성경 공부에 참석했던 사람들은 신앙이 급성장했다. 창세기 확신이 정말 중요하고 효과가 크다는 것을 알게 되는 좋은 경험이었다. 그 다음 해 겨울에도 똑같이 창세기 공부 모임을 만들어 인도했는데 역시 훌륭한 효과였다. 나중에 LA에서 창조과학 사역을 하며 간사들과 같은 형태로 창세기를 인도했을 때 다른 어떤 책보다 창세기에 대한 확신이 성경적 세계관을 빨리 이해하도록 한다는 사실을 재차 확인했다.

첫 창세기 성경 공부 모임을 할 때 농공학과 대학원생 정상협이라는 후배가 특히 열심이었다. 이 형제도 태어날 때부터 어머니 따라 교회를 다녔다고 했다. 그런데 창세기 성경 공부를 마친 어느 날 내게 이런 말을 했다.

"형, 그때 창세기 공부하던 첫째 날 밤에 잠이 안 오더라구. 내가 믿는 하나님이 진짜였어. 막 무서운 것 있지?"

그는 나중에 로마서 공부도 함께했는데, 나와 로마서 공부를 마치자마자 따로 모임을 꾸려 인도할 정도로 복음에 대한 열정이 높았다. 너무 열심이라 걱정이 될 정도였다. 심지어는 석사학위 논문을 정리해야 할 바쁜 때에도 성경 공부를 거르지 않고 인도하는 것이었다.

"상협아, 일단 논문부터 끝내는 것이 좋겠다. 성경 공부 몇 주 걸러도 하나님께서 뭐라 안 하실 거야."

"형, 다른 사람은 몰라도 형이 그렇게 말하면 어떡해요?"

할 말이 없었다. 졸업식 때 그가 우수 논문상을 받았다는 소식을 듣고 너무 대견스러웠고, 하나님께 감사 드렸다. 상협은 한국에서 군대를 마치고 미국으로 돌아와 박사학위를 받았는데 지금도 열정은 그대로여서 청년 리더로 훌륭하게 봉사하고 있다. 내 자신이 직접 사역하는 재미도 있지만, 나를 통해 예수님을 만난 사람이 다른 사람을 인도하는 것을 보는 것은 또 다른 기쁨이었다. 하나님께서 상협을 통해 그 기쁨을 가르쳐 주셨다.

당시 미시간주립대학 지질학과에는 세 명의 한국 유학생이 있었다. 모두 입학 동기였고 아주 친했다. 더군다나 같은 건물에 있어서 매일 만나고 수업도 함께 듣곤 했다. 한 명은 학부 때부터 지질학을 했던 김철운이라는 친구이고 미혼이었으며 한국에서부터 교회를 다녔다. 다른 한 명은 조성현이라고 하는데 기혼이고 대학원에 와서야 지질학을 시작한 친구였다. 그는 미국에 와서 처음으로 교회를 나가고 있었는데 교회를 나가고 싶어서라기보다 주위의 권유와 아내가 가고 싶다고 하여 억지로 끌려 다니는 상황이었다. 그런 상황이다 보니 교회를 나오면서도 오히려 기독교에 대한 비판이 매우 커졌다.

셋 중에 제일 먼저 진화론이 틀렸다는 것을 알게 된 나는 이들에게 동감을 끌어내기에 열심이었다. 먼저 지질학을 공부했던 철운이에게 진화론적 지질학의 문제점을 조목조목 따지고 들었다.

"형, 정말 그렇네! 진화론은 문제가 많네요."

바로 반응이 왔다.

그런데 지질학을 공부하지 않은 조성현 씨에게 설명을 하니 반응이 완전 딴판이었다

"이재만 씨, 유명한 사람들이 모두 맞다고 하는데 왜 이재만 씨만 틀리다고 하는 거요?"

그래도 굴하지 않고 만날 때마다 조성현 씨에게 진화론이 틀렸고 성경이 사실이라고 이야기했다.

몇 달쯤 지난 어느 날이었다. 처음에는 그렇게 반박하던 조성현 씨가 "진화는 틀렸네요."라고 인정하는 것이 아닌가!

하지만 첫 술에 배부를 수는 없는 법. 그가 진화론의 문제

를 인정하긴 했어도 기독교에 대한 비판 자체가 사라진 것은 아니었다. 어떤 때는 교회와 기독교인에 대해 심한 불만을 표시하기도 했다. 그래도 진화론의 문제점을 고백했으니, 이제 조성현 씨에게도 몽학 선생이 생긴 게 아닌가? 성경에 가까이 가는 길이 보이는 듯했다.

얼마 지난 후 기숙사로 돌아가는 길에 조성현 씨 사무실에 들렀는데 마침 혼자 있었다. 방에 들어가 책상 앞으로 다가가는데 그가 갑자기 말했다.

"하나님은 김일성 같아요!"

갑작스런 말에 당황하기도 하고 거북한 표현에 화가 났지만 감정을 억누르면서 물었다.

"왜요?"

"교회 안에서는 서로 형제라고 부르잖아요. 그리고 하나님 자신을 아버지라고 부르게 하잖아요."

어처구니없는 발상이었지만 적당한 대답이 금방 떠오르질 않았다.

잠시 침묵하고 마음을 가라앉히려고 했지만 하나님이 김일성 수준까지 내려간 것이 억울하고 분했다.

"조성현 씨, 그동안 내가 여러 번 성경에 대하여 말했지? 나뿐 아니라 다른 사람도 성경에 대해 많이 얘기해 주었지? 그런데도 조성현 씨는 여전히 말을 듣지 않고 있지?"

그는 여느 때와 달리 냉담하게 말하는 나를 뚫어져라 쳐다보고 있었다.

"그러면, 계속해서 믿지 마. 계속해서, 계속해서 죽을 때까지 믿지 마. 그리고 죽어. 그리고 지옥에 가 봐!"

"뭐요?!"

그는 지옥에 가란 소리에 벌컥 화를 냈다.

"지옥에 가란 소리가 뭐가 무서워? 지옥을 믿지도 않는 사람이!"

"……!"

그는 굳어진 표정에 말이 없었다.

"지옥 가라고 하니까 무섭지?"

"……."

"내일부터 철운이랑 셋이서 같이 성경 읽읍시다."

나는 꼭 하고 싶었던 말을 꺼냈다.

"김철운 씨가 한다고 하면 하겠어요."

이거야말로 바라던 대답이 아닌가!

"철운이는 벌써 조성현 씨 대답만 기다리고 있어!"

다음 날 조성현 씨 아내를 만났는데 그날 밤 남편이 통 잠을 못 이루더라고 했다. 그래서 왜 이렇게 잠을 못 자냐고 물어보니 이렇게 대답하더란다.

"이재만 씨가 성경 공부 안 하면 지옥에 간다더라. 그래서 내일부터 김철운 씨와 성경 공부 하기로 했어."

그 후로 한국인 시절힉도 셋은 월요일부터 목요일까지 저녁 7시에 시작하여 30분간 매일 성경을 읽었다. 헤어질 때까지 조성현 씨 사무실에서 말이다.

최후의 심판 미켈란젤로, 1534~1541.

창조특강 Q&A 원숭이-인간(Ape-man)이란?

필트다운인 1912년 필트다운코먼에서 발견되었으나 40년의 진위 논쟁 끝에 가짜로 판명되었다. 인간의 두개골과 오랑우탄의 턱뼈를 조작하여 아래와 같이 이미지화 했다.

멧돼지 이빨 진화론자들에 의해 네브라스카인 화석이라고 주장되었다.

자바인 검증 결과 원숭이-인간이 아닌 사람으로 밝혀졌다.

지금은 진화론자들도 원숭이에서 사람이 되었다는 표현은 잘 쓰지 않습니다. 그들이 보기에도 살아 있는 것 가운데서 원숭이류와 사람 중간에는 아무것도 없기 때문입니다. 대신에 그들은 원숭이와 사람이 어떠한 공통 조상에서 비롯되었다고 합니다. 그리고 예전에는 빠진 고리라고 하다가 최근에는 그 공통 조상을 '원숭이-인간'이라고 부릅니다. 그럼 발표된 것 중에 대표적인 것이 무엇인지 알아볼까요?

먼저 과거에는 원숭이-인간으로 발표되어 유명했지만 지금은 진화론자들도 인정하는 가짜가 있습니다.

필트다운인은 1912년 영국에서 발견되었는데 발표할 때와는 달리 원숭이 턱뼈와 사람의 두개골을 붙여 조작했다는 사실이 드러났습니다. 미국의 네브라스카에서 1922년 발견된 네브라스카인은 이빨 한 개만 발견된 것입니다. 그런데 일반 사람들은 이러한 내용을 전혀 모르고 있었으며 이빨 한 개를 가지고 상상한 원시인의 상상도만 기억하고 있습니다. 나중에 이 이빨은 멧돼지의 것으로 결론이 났습니다. 듀보아에 의해 유명해진 자바인은 1889년 인도네시아 자바섬에서 발견되었습니다. 두개골, 치아, 넓적

다리 뼈 등이 발견되었는데 이들은 모두 같은 장소에 가지런히 모인 채 발견된 것이 아니라 각각 몇 미터씩 떨어진 곳에서 발견된 것입니다. 발견자인 듀보아가 죽기 얼마 전 이들은 긴팔원숭이라고 말했는데, 후에 많은 학자들은 이들을 단순한 인간의 두개골로 결론을 내렸습니다.

최근 마치 원숭이-인간의 대명사처럼 불리는 것이 있는데 바로 오스트랄로피테쿠스입니다. 그 중 가장 유명한 것이 루시(Lucy)입니다. 신체의 3분의 1이 발견되어 아주 유명했습니다. 몸체는 전형적인 원숭이의 것이지만 무릎 관절은 사람과 닮았다는 이유로 원숭이-인간으로 알려졌습니다. 하지만 지금 대표적인 인류학자들은 루시를 전형적인 원숭이로 분류합니다. 스톡스태드는 《사이언스》지에서 "루시의 무릎 관절에 주목하지 않더라도 새로운 증거들은 루시가 주먹으로 걸었던 모습을 보여 준다." (E. Stokstad, "Hominid Ancestors May Have Knuckle Walked", *Science*, 2000)라고 말했으며, 리치몬드와 스트래이트는 《네이처》지에서 조금은 비웃는 듯한 표현을 쓰며 비난하기도 했습니다. "캐비닛으로 걸어가서 문을 열었다. 아뿔사! 그녀(루시)는 전형적인 주먹으로 걷는 모습이었다." (Richmond andStrait, "Evidence that Humans Evolved from Knuckle-Walking Ancestor", *Nature*, 2000)

결론적으로 루시가 네 발로 걷는 원숭이란 것이지요. 더군다나 루시의 몸체와 무릎 관절은 같이 발견된 것이 아니라 3km 떨어진 곳에서 따로따로 발견된 것이었습니다! 그밖에 네안네르탈인이나 탄자니아에서 발견된 레톨리 발자국 등도 있으나 나중에는 전형적인 인간의 것으로 결론이 났습니다.

강단에 선 창조과학자

당신이 할 수 있다면 하나님께서 하시지 않는다.
하지만 당신이 할 수 없을 때 하나님께서는 시작하신다.

창조주 예수님을 만나 구원의 확신과 하늘나라 소망이 생기고 복음을 전하는 열정이 생겼지만 여전히 해결되지 않은 중요한 문제가 남아 있었다. 미래였다. 진화론적 지질학에서 마음이 떠난 상태에서 앞으로 무엇을 해야 할지 도저히 감이 잡히지 않았다. 그때까지 일생을 지질학에 걸었고 그 외에 다른 어떤 계획도 생각해 본 적이 없었다. 게다가 서른을 넘어 결혼 문제도 걸렸다. 미래에 대한 청사진이 없는 상황에서 배우자를 만나기란 쉽지 않았다. 구원은 구원이고 닥친 현실은 현실이었다. 공부하러 유학은 왔지만 성경 공부하는 일에 열심인 내 자신을 보며 "지금 내가 하고 있는 이것이 유학생이 하고 있어야 할 일인가?"란 의문이 여전히 남아 있었다. 그렇다고 그동안 쌓았던 지질학을 놓을 수는 없었다. 지질학은 이미 복음을 전하는 귀한 도구로 사용되고 있었기 때문이다.

그러던 중 1995년 겨울 새로운 자매가 미시간주립대학으로 왔는데 창조과학 이야기를 꺼내자 아주 반가워 했다. 그러면서 자신은 샌디에이고에서 왔는데 거기 있는 미국 창조과학연구소(ICR, Institute for Creation Research)에 가 본 적이 있다고 했다. 그러면서 연구소에서 발행하는 뉴스레터를 여러 장 꺼내는데, 깜짝 놀랐다. 거기에 보니 연구소장이 헨리 모리스 박사로 되어 있는 것이 아닌가! 『창세기 홍수』를 쓴, 그러니까 현대 창조과학 운동의 부흥을 일으켰던 바로 그분 말이다. 미국 창조과학연구소가 있다는 말은 들었지만 이렇게 자세한 정보를 접하기는 처음이었다. 사실 당시에는 인터넷도 없었던 시기였으니 혼자서 알려고 했어도 아주 어려웠을 것이다. 연구소 안에 지질학과가 있으며 학위 과정도 함께 있다는 것도 알게 됐다. 나와 같은 생각으로 모인 사람들이 함께 연구하는 곳이 있다는 것을 발견한 것은 마치 사막에서 오아시스를 발견한 것과 같은 느낌이었다.

망설일 이유가 없었다. 당장 연구소로 전화를 걸어 지질학과장인 스티브 오스틴 박사와 통화를 했다. 통화를 하는 동안 얼마나 흥분되있는지! 더 이상 기다릴 필요가 없었다. 적지 않은 비용이 들었는데도 바로 샌디에이고행 비행기표를 구입했다. 일은 빠르게 진행되었다. 샌디에이고에 도착하여 오스틴 박사를 만나고, 오스틴 박사와 연구소 전체를 둘러보았다. 그는 내게 헨리 모리스 박사도 소개시켜 주셨다. 하나님의 성경책으로 인도했던 그분을 직접 만나다니! 그 자리에서 연구소행을 결정지었다. 아니, 연구소에 오기 전에 이미 결정돼 있던 것이었다.

미시간으로 돌아가기 전에 그랜드캐년을 들르고 싶었다. 렌터카를 타고 샌디에이고에서 그랜드캐년으로 향했다. 사실 미국에 오자마자 그랜드캐년에 한 번 간 적이 있었다. 지질학을 하는 사람이면 누구나 그랜드캐년을 꿈꾸기 때문이다. 그때는 광활하게 펼쳐진 그랜드캐년을 보며 이 장관이 장구한 세월 동안 쌓인 퇴적암과 콜로라도 강에 의해 깎이고 깎여서 만들어졌다고 생각했다. 그러한 무구한 역사를 탐구하는 학문을 하는 자부심으로 가득 차 진화론적 지질학에 미래를 거는 꿈을 꾸었었다. 그런데 지금, 창조과학자가 되어 그랜드캐년을 찾아가면서 나는 마음이 설레어 왔다. 진화론과 동일과정설이 아닌 성경적 눈으로 그랜드캐년을 보면 얼마나 장엄할 것인가.

그랜드캐년은 애리조나주 북서부에 위치하고 있다.

그랜드캐년을 통해 성경의 대홍수 증거를 확인할 수 있다.
ⓒ 담다미의 맑은 연못

3년 만에 본 그랜드캐년은 예전 그대로 멋있었지만 그랜드캐년을 보고 있는 나는 달라졌다. 그랜드캐년이 어떻게 만들어졌는지 설명하고 있는 성경이 보였다. 퇴적암을 보며 홍수로 심판하시던 하나님의 모습이 그려졌다. 하나님의 마음이 보였다. 이전에는 장구한 세월로 만들어진 시간이 떠올랐지만 이제는 엄청난 대격변의 사건이 보였다. 처음 찾아와서 볼 때는 막연했고 그 막연한 과정을 공부한다는 자체가 뿌듯했는데 이제는 아주 구체적이다. 창조과학의 증거들이 너무나 쉽게 보였다. 이 사실을 전하고 싶어 가슴이 뜨겁게 뛰었다.

"하나님 감사합니다! 이 사실을 알게 해 주셔서 감사합니다. 제가 어떤 자리에 있든지 창조과학을 통해 예수님 전하는 일만 하게 해 주십시오!"

하나님께서는 창조과학을 통해 성경도 손에서 놓지 않게 하시고 지질학도 놓지 않게 하셨다. '성경적 지질학'을 준비하고 계셨던 것이다. 내 머리로는 도저히 상상 못할, 나보다 내 자신을 더 잘 아시는 분만이 할 수 있는 참으로 멋진 계획이었다. 나에겐 딜레마였던 현실이 하나님의 손에서는 작품이 되었다. 성경 공부하며 익숙했던 로마서 11장에 엘리야가 하나님께 이스라엘을 고발했을 때 주신 대답이 나에게도 똑같이 적용되었다. 주여 저희가 주의 선지자들을 죽였으며 주의 제단들을 헐어버렸고 나만 남았는데 내 목숨도 찾나이다 하니 저에게 하신 대답이 무엇이뇨 내가 나를 위하여 바알에게 무릎을 꿇지 아니한 사람 칠천을 남겨 두었다 하셨으니(롬 11:3~4) 하나님께서는 진화론에 항복하지 않은 창조과학자들을 이렇게 많이 남겨 두시고 연구소까지 준비하여 그들을 모이게 하신 것이다.

미시간에 돌아왔을 때 가슴 벅찬 계획을 세우며, 아울러 이제는 하나님께서 배우자를 준비해 주실 것이라는 확신도 섰다. 그때까지 함께 QT를 나누던 박홍진 형님과 함께 마음이 맞아 매일 새벽기도를 하기로 했다. 당시 다니던 교회에 정기적인 새벽기도가 없었지만 열쇠를 얻어서 예배당에 들어가는 허락을 받았다. 나의 가장 큰 기도 제목은 결혼이었다. 넉 달 동안 둘이서 하루도 빠짐없이 새벽기도를 했다. 그런데 그해 여름, 그러니까 연구소 여름학기가 시작하던 해에 한국에 들어가서 하나님께서 준비하신 아내를 만났다. 미시간에 왔을 때 처음 내 방을 방문했고 그 이후로 영적인 인도자가 돼 주신 동규형 형수님께서 소개해 주셨다. 만났을 때부터 하나님께서 준비해 주신 사람이란 확신이 서로에게 있었고 만난 지 단 3주 만에 결혼식을 올렸다. 그리고 지금까지 안팎으로 사역에 가장 귀중한 역할을 감당해 주고 있다.

그해 7월 연구소 생활은 시작되었고 수업 듣는 것은 늘 감탄으로 이어졌다. 꿈인가 생신가 했다. 일반 창조과학 도서로 읽는 것과는 비교할 수 없을 정도로 세밀한 부분까지 이미 연구되어 있었다. 아직 많은 부분이 일반인에게 전달이 되지 않았을 뿐이다. 연구소 분위기도 좋았다. 만나는 사람마다 친절했고, 쉬는 시간에 연구소 도서관에 들어가 있는 것도 즐거웠다. 이렇게 많은 창조과학 도서가 있다는 것에 놀랐고, 이제는 언제든지 그러한 책을 접할 수 있는 것도 큰 기쁨이었다. 무엇보다 연구소에서 가장 감격스러운 것은 성경책을 가지고 지질학 수업을 한다는 사실이었다! 성경책을 펼치고 화성암, 퇴적암, 변성암, 화석, 지형 등의 지질학 내용을 살펴보는 기쁨이란! 꿈에도 그리던 일이 이루어진 것이다.

그러나 꿈만 같은 시간은 잠깐, 여름 학기를 마치고 미시간으로 돌아와야 했다. 연구소 수업은 여름에만 있었기 때문에 봄과 가을에는 신학교 공부를 해야 했기 때문이다. 사실 창조과학연구소 분들의 가장 강점은 과학도 과학이지만 성경에 대한 지식이었다. 그렇기 때문에 창조과학만이 아니라 성경에 대한 지식을 함께 쌓는 것이 바람직할 것 같았고, 이미 미시간에 있는 그랜드래피드 신학대학원에 구약학 석사과정 입학 허가를 받아 놓은 상태였다.

처음에는 미시간과 샌디에이고를 오가며 신학 공부와 연구소 공부를 함께할 수 있으리라 생각했으나, 미시간에 가 보니 재정적으로 불가능하다는 것을 알고 계획을 수정해야만 했다. 그래서 그리 내키지는 않았지만 먼저 신학 공부를 마치고 연구소로 가기로 했다.

신학교 생활은 쉽지 않았다. 공부도 공부지만 재정적인 어려움이 말이 아니었다. 미시간주립대학에 있을 때는 재정적인 후원을 받고 있었으므로 큰 어려움이 없었는데 이제는 상황이 달랐다. 게다가 이제는 가정도 있었다. 내가 할 수 있는 일은 캠퍼스 청소뿐이었다. 첫 여름방학에는 하루 여덟 시간씩 청소를 했다. 하지만 하나님께서는 어려운 기간을 통해 성경도 아니고 창조과학도 아닌 다른 방법으로 하나님께 가까이 가도록 하셨다. 바로 기도였다. 신학교 생활 동안 겪은 재정적 어려움은 어느 때보다 기도를 많이 하도록 만들었다. 학기 중 밤에 청소를 할 때는 청소 배정을 받은 건물에서 아무도 없는 방에서 아내와 함께 철야기도를 하곤 했다. 아무리

소리 질러도 듣는 사람이 없었으므로 기도하기 좋은 장소였다. 다른 장소로는 혼자 기도하기 좋은 곳이 있었는데 캠퍼스 내에 축구장 센터 서클이었다. 밤에 이곳에서 기도할 때는 소리를 듣는 사람이 없을 뿐 아니라 별을 보면서 기도한다는 것이 색다른 기분이어서 좋았다.

그해 여름 다음 학기 등록을 하는 기간이었는데 회계 사무실의 재프에게 연락이 왔다. 등록하는 데 문제가 생겼으니 자신의 사무실로 오라는 것이었다.

"재만, 아파트비와 등록금이 너무 밀려서 다음 학기 등록이 어렵겠어."

등록이 어렵다는 말에 당황스럽기도 하고 기분이 상했다. 여기서 공부하는 것은 하나님께서 마련하신 것인데 돈 때문에 공부를 할 수 없는 상황이 화가 났다.

"재프, 내가 이 학교에 온 것은 내 뜻이 아냐. 하나님께서 보내신 거야. 그러니까 졸업하기 전까지 내야 할 돈은 하나님께서 모두 내 주실 테니까 걱정하지 않아도 돼."

확신에 찬 나의 대답에 재프는 눈이 똥그래졌다.

"재만, 나는 네 말을 믿어. 하지만 난 이 내용을 상사에게 전달해야 하네. 앞으로 어떻게 할지 지불 계획서를 써 줘야 해."

그러나 나는 여기서 솔직해야만 했다.

"미안하지만 그분께서 어떤 방법으로 지불하실지는 나도 잘 몰라. 내가 아는 것은 다만 졸업 전까지 하나님이 모두 내 주신다는 거야."

재프의 표정이 달라졌다.

"OK, 등록해도 좋다."

그 후 어느 날 신학대학원 사무실에서 전화가 왔다. 어떤 사람이 나에게 헌금을 했다는 소식이었다. 큰 금액은 아니었다. 그러나 나에게 헌금할 사람이 없는데 누굴까 하는 마음으로 수표의 발신자 이름을 보니 재프였다.

여름방학이 끝나가면서 재정 문제는 악화되었다. 미국 유학생에 대한 규정 때문에 방학 중에는 여덟 시간씩 하던 일을 학기 중에는 네 시간밖에 할 수 없었기 때문이다. 개학 날짜는 다가오고 다음 주면 그나마 하고 있던 청소 시간도 줄여야 할 판이었다. 수업이 시작되는 가을 학기가 문제였다. 기도밖에 없었다. 8월 마지막 주, 내가 맡은 청소 구역은 같은 재단의 코너스톤 기독교대학교의 과학대학 건물이었다.

"If you can, God will not, but if you cannot, God will (당신이 할 수 있다면 하나님이 하지 않을 것이나 당신이 할 수 없다면 하나님이 할 것이다.)"

과학대학 건물에 적혀 있던 말이다.

'맞아, 내가 할 수 없는 일이라면…. 이제 하나님 차례야!'

이 글로 마음이 정리되긴 하였지만 당장 해결된 것은 아무것도 없었다. 건물에 있는 화장실을 청소하고 있을 때였다. 한 신사가 들어와 말을 걸었다.

"어디서 왔나?"

"한국에서 왔습니다."

"나는 코너스톤대학의 수학과 교수네. 난 외국 학생을 좋아하네. 기독교 기관에서 외국 학생 모임을 인도하고 있지.

자네에 대한 소개 좀 해 주겠나?"

"저는 여기 신학대학원에서 구약학을 공부하고 있습니다. 작년까지 미시간주립대학에서 지질학을 공부했고 석사학위를 가지고 있지만 지금은 진화론적 지질학을 공부하지 않습니다. 미국 창조과학연구소(ICR)에서 창조과학을 공부하다가…."

"지질학! ICR!"

"……!"

"바로 너다. 너야!"

나는 영문을 몰라 하며 서 있었다.

"지금까지 지질학 강사를 찾고 있었는데, 진화론이 아닌 창조과학으로 가르칠 사람을 찾고 있었네. 지금 나는 적격자를 만난 듯하네!"

신사의 눈빛이 빛나고 있었다. 그런데 문제는 내 자신에게 있었다. 학부 과정이야 어렵지 않았지만 석사인 내가 채용될 수 있을지 미지수였다. 또한 영어로 가르치는 것에 대한 부담도 컸다.

"제 영어 실력으로 가르칠 수 있겠습니까?"

내가 곤란한 표정을 짓자,

"나와 대화하는 것을 보니 영어는 충분하네. 이력서와 학력 증명서를 내일 아침까지 써서 여기로 오게나. 학장을 만나야 하니까!"

청소를 마치고 집에 돌아가면서 생각했다. '이게 도대체 가능한 일인가?!' 청소하다가 이런 일을 겪은 것도 그렇고, 개학 하루 전에 지질학 강사 이력서를 써 오라니 말이다. 다음 날 이력서와 서류를 들고 그 교수와 함께 과학대학 학장을 찾아갔다. 학장은 서류를 훑어보고 난 후 그 자리에서 바로 채용 결정을 내렸다! 청소를 하다가 하루아침에 대학 강사가 된 것이다. 아내와 나는 하나님을 찬양했다. 미시간주립대학에 있는 친구에게 이 소식을 전했더니 "하나님 빽이 세기는 세구나!" 했다.

이 소식을 꼭 전하고 싶었던 사람이 있었다. 바로 재프였다. 재프도 놀라며 말했다. "He did it!(하나님께서 하셨다!)" 보이지 않는 하나님의 손길이 보이기 시작했다. 이때부터 신학 공부와 지질학 강사와 청소부 생활을 병행하기 시작했다.

강사 생활을 시작하며 재미있는 것은 창조과학을 아는 지질학 강사를 찾고는 있었지만 학교에서는 창조과학 관련 지질학 교재나 교안이 전혀 없었다. 당시만 해도 미국에서 창조과학 교재가 불충분했기 때문이었다. 한 학기를 전적으로 나에게 맡겼다. 내가 만드는 것이 곧 창조과학 지질학의 강의법이 되었다. 이것이 내게 부담이 되기도 했지만 하고 싶은 대로 가르칠 수 있었기에 기대가 컸다. 나는 두 가지 목표를 세웠다. 하나는 학생들에게 '창조과학 지질학을 어떻게 이해시킬 것인가?' 하는 것이었고, 다른 하나는 '어떻게 성경이 사실임을 확실하고 흥미를 유발시킬 것인가?' 하는 것이었다. 두 마리 토끼를 잡기 위해 창조과학 강의와 성경에 나오는 지질학적 용어를 함께 가르쳤다. 엄밀히 말하자면 순수하게 내가 고안한 방법은 아니었다. 1년 전 미국 창조과학연구소에

♣ 내가 투기와 맹렬한 노로 말하였거니와 그 날에 큰 지진이 이스라엘 땅에 일어나서 바다의 고기들과 공중의 새들과 들의 짐승들과 땅에 기는 모든 벌레와 지면에 있는 모든 사람이 내 앞에서 떨 것이며 모든 산이 무너지며 절벽이 떨어지며 모든 성벽이 땅에 무너지리라… 쏟아지는 폭우와 큰 우박덩이와 불과 유황으로 그와 그 모든 떼와 그 함께한 많은 백성에게 비를 내리듯 하리라… 그들이 나를 여호와인 줄 알리라 (겔 38:19~23)

있을 때 지질학 학과장인 오스틴 박사가 하던 방법을 학생들에게 맞게 수정한 것이었다.

이런 식이었다. '화산'을 배울 때면 성경에 나오는 화산에 관한 내용♣을 모두 찾아서 함께 읽고 그 성경 내용에 기록된 주위 상황을 함께 나눴다. 지진, 산, 강 등에 대한 것도 마찬가지였다. 예를 들면 광물을 배울 때면 창세기 2장과 에스겔서 28장의 네가 옛적에 하나님의 동산 에덴에 있어서 각종 보석 곧 홍보석과 황보석과 금강석과 황옥과 홍마노와 창옥과 청보석과 남보석과 홍옥과 황금으로 단장하였음이여 구절에서 언급된 광물 샘플을 모았다. 샘플이 없는 것은 사진을 모았다. "에덴동산에 어떤 광물이 있었는지 보고 싶지 않느냐?" 하는 물음에 가장 확실한 답이었다.

지층이 만들어지는 것도 비커로 직접 지층이 만들어지는 실험을 하면서, 지층이 시간을 두고 천천히 쌓이면서 형성되는 것이 아니라 순간적으로 만들어진다는 것을 증명하기도 했다. 이런 방법은 학생들에게 흥미를 끌어내기에 충분했다. 학생들은 상상하지 못했던 교수법에 놀랐고, 무엇보다 성경의 역사가 멀지 않은 우리의 시공간 속에 있다는 사실을 자각하기 시작했다.

비커 속에서 형성된 지층
굵은 모래와 고운 모래를 공중에서 동시에 낙하시키면 떨어지는 동안 낙하 속도의 차이 때문에 바로 지층이 만들어진다.(상) 물속에서 낙하시켰을 때는 더 또렷한 지층을 보여준다.(하)

또 하나 성경적 사건이 우리 눈으로 쉽게 볼 수 있다는 것도 보여 주고 싶었다. 가까운 곳으로 야외 답사도 했다. 차를 타고 한 시간쯤 떨어진 곳에 그랜드렛지라는 공원이 있었는데, 석회암과 사암으로 이루어진 아담한 공원이었다. 하루 동안 지질 실습을 하기에 적격이었다.

사전에 답사를 하여 지층, 사층리* 등으로 노아 홍수를, 빙퇴석과 강을 보며 홍수 직후에 일어난 빙하시대에 대한 내용을 설명하기 적합하다는 생각이 들어 야외 답사 장소로 결정을 하였다. 학생들은 지질학 수업 시간에 성경에 기록된 노아 홍수가 언급되는 것도 놀랐는데, 바로 자신이 살고 있는 주위 흔적이 모두 성경을 증거한다는 것을 신기해했다. 이때 학생들에게 야외 답사를 인도했던 경험은 몇 년 후 창조과학 탐사여행을 할 때 큰 도움이 되었다.

한 학기를 마치고 교수 평가서 결과를 받았을 때 부족한 영어였지만 학생들이 수업 시간에 배운 창조과학 지식에 대하여 자랑스러워하는 내용을 읽고 뿌듯했다.

경제적으로는 여전히 어려웠지만 이를 통하여 하나님께서는 내가 당신께 더 다가가게 하셨다. 급박할 때마다 주님은 도움의 손길을 보내주셨다.

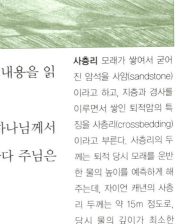

사층리 모래가 쌓여서 굳어진 암석을 사암(sandstone)이라고 하고, 지층과 경사를 이루면서 쌓인 퇴적암의 특징을 사층리(crossbedding)이라고 부른다. 사층리의 두께는 퇴적 당시 모래를 운반한 물의 높이를 예측하게 해 주는데, 자이언 캐년의 사층리 두께는 약 15m 정도로, 당시 물의 깊이가 최소한 80m 정도는 되었으리란 계산을 가능케 한다. 사층리는 엄청난 규모의 지질학적 사건, 노아홍수의 또 다른 증거이다.

창조특강 Q&A 지층은 어떻게 만들어질까?

> 물이 붙어서 십오 규빗이 오르매 산들이 덮인지라(창 7:20)

육지 표면의 약 80%는 퇴적암으로 덮여 있습니다. 퇴적암이 보여 주는 가장 일반적인 특징이라고 하면 지층을 들 수 있는데요, 이들은 마치 시루떡처럼 차곡차곡 쌓아 놓은 듯한 모양을 하고 있습니다. 그랜드캐넌을 가 보아도 넓고 광활한 지역에 지층이 펼쳐 있는 것을 쉽게 볼 수 있어요. 지층들은 과연 어떤 일을 경험하였길래 이러한 모습을 보여 주고 있는 걸까요? 진화론자들이 말하는 것처럼 오랜 세월 동안 쌓이고 쌓여서 이런 장관이 탄생했을까요?

지층이 만들어지는 데 오랜 세월이 필요하다는 것은 과학적으로 증명된 사실이 아닙니다. 오히려 과학적 실험을 하면 지층은 언제나 짧은 시간 동안 빠른 퇴적과 빠른 물의 속도에 의해서만 형성됩니다. 실제로 화산이 폭발하여 화산재가 땅에 떨어져 쌓일 경우도 곧바로 수평의 지층이 만들어집니다. 화산은 대표적으로 빠른 퇴적 환경 중 하나입니다. 빈 비커나 물이 찬 비커에 흙을 수직으로 낙하시킬 경우도 바로 지층이 만들어집니다. 흙이 떨어지는 동안 입자가 공기나 물의 저항을 받아 크기나 비중에 따라 떨어지는 속도가 달라지기 때문이지요.

수직으로 흙을 낙하시킬 때뿐만 아니라, 수평으로 흙이 이동할 때에도 지층이 형성된다는 실험이 실시되기도 했습니다. 바로 1993년 콜로라도주립대학에서 실시된 실험인데요, 기존 지질학에 기념비적 성과를 냈습니다. 커다란 물탱크에 물과 모래를 넣고 수평의 수로를 따라 빠르게 흘려보냅니다. 물과 흙이 범벅이 된 것을 혼탁류 또는 저탁류(turbidite)라고 부르는데 이 혼탁류를 빠르게 흘려보내는 것입니다. 그러면 빠르게 흐르는 혼탁류의 모래

화산 폭발로 지층이 형성되는 과정과 형성된 지층

가 수로 바닥에서부터 그와 평행하게 수평으로 지층을 만들지요. 이 실험이 기존의 막연한 사고에 충격을 준 것은 지층은 아래에서 위로 차곡차곡 쌓이는 것이 아니란 사실을 증명했기 때문입니다. 대신, 혼탁류가 수평으로 이동하면서 수평의 지층을 만드는데, 옆으로 지층이 확장되는 것과 위로 지층이 쌓이는 것이 동시에 이루어졌다는 사실을 밝혀낸 것입니다. 실제로 흙이 공기나 물속에서 수직으로 낙하할 때보다 혼탁류가 수평으로 이동될 때 지층이 더 잘 만들어집니다.

이와 같이 퇴적암의 가장 일반적인 특징인 지층이 만들어지는 것은 작은 입자가 세월이 지나면서 차곡차곡 쌓이는 것이 아닙니다. 과학적인 실험을 할 때면 지층은 언제나 '시간(Time)'이 아니라 이를 만들 만한 '사건(Event)'에 의해 형성됨이 증명되고 있습니다.

퇴적층은 지구상 어디에나 존재합니다. 그러나 현존하는 지층은 오늘날의 화산 폭발로는 형성되지 않으며, 오늘날의 홍수로도 만들어질 수 없습니다. 왜냐하면 그 너비와 두께가 너무나 넓고 두껍기 때문입니다. 이들을 해석하려면 두 가지 조건이 필요합니다. 바로 엄청난 양의 흙과 이를 운반할 만한 엄청난 물입니다. 지구 전체를 파괴시키고 덮었던 격변의 홍수! 그 물이 점점 증가하며 지층을 계속 만들어 가는 과정이 머릿속에 그려지지 않나요?

엘리스 할머니

"걱정 말라" 하실 땐 걱정하지 말라.
하나님께서는 놀라운 계획을 가지고 계신다.

1998년 5월 말 우리 부부와 두 살이 채 되지 않은 첫째 은지를 태운 87년형 승용차는 미 대륙을 횡단하고 있었다. 미 중서부의 미시간에서 출발한 우리 가족은 태평양을 끼고 있는 서쪽 맨 아래에 위치한 샌디에이고가 목적이었다. 가진 것 없는 여정이었지만 마음속에는 기대가 가득 차 있었다. 하나님께서 "걱정 말라"고 말씀하신 의미가 무엇일까 궁금하기만 했다. 기댈 사람 없는 샌디에이고를 향하면서 하나님께서는 우리 가족에게 "걱정 말라"는 한 마디만 주셨다. 마음이 가볍지는 않았다. 육중하게 다가오는 하나님의 그 한마디에 모든 것을 걸었으니 말이다.

3년 만에 신학대학원에서 구약학 석사를 마치고 샌디에이고로 돌아가는 길이었다. 신학 공부를 하면서 마음에는 늘 창조과학연구소뿐이었다. 졸업할 즈음부터 과연 다시 샌디에이고로 돌아가야 할 것인지 아닌지 하나님의 음성을 듣고 싶었다. 매일 밤 학교 캠퍼스 축구장 센터 서클 가운데 무릎을 꿇었다. 소리치며 하나님께 기도 드렸다. 밤하늘의 수많은 별은 창조주의 능력을 보여 주고 있는 듯했고, 마치 다윗이 된 기분으로 기도하였다. 매일 기도 속에서 창조과학연구소를 간다는 것에 마음의 평안은 있었지만 하나님의 분명한 음성을 듣고 싶었다. 그런 가운데 결국에는 졸업식도 지나치게 된 것이다. 이제 정말 떠나야 하는데 하나님의 말씀을 듣고 싶었다. 그래야 떠날 수 있을 듯했다.

졸업식 날 밤 예전과 같이 별로 가득 찬 밤하늘 아래서 소리치며 기도하는데 "걱정 말라"는 하나님의 음성이 들렸다. 또렷했다. 혹시 잘못 들은 것이 아닌가 확인하고 싶어 다시 말씀해 달라고 여러 번 물어보았다. 그러나 하나님은 더 이상 말씀하지 않으셨다. 그럼에도 마음에 가득 찬 확신이 생겨 "감사합니다!"라는 고백만 계속했다. 자리에서 일어나 집에 돌아와 아내에게 말했다.

"하나님께서 걱정 말라고 하셨으니 내일 바로 떠납시다."

"그립시다."

아내는 너무나도 쉽게 대답하는 것이 아닌가? 아내는 벌써 하나님께서 주신 확신이 있었다고 했다. 내가 직접 하나님의 음성을 들을 때까지 기다리고 있었던 것이다.

다음 날 우리 가족은 바로 떠났다. 4박 5일간의 긴 운전 끝에 샌디에이고에 도착했다. 샌디에이고에 점점 가까워 오면서 우리는 기대 반 긴장 반으로 떨렸다. 도착하자마자 기도를 하고 싶은 마음에 근처에 있는 교회를 찾아 들어갔다. 낮이었지만 예배당은 어두웠다. 아무도 없는 깜깜하고 넓은 교회 맨 뒤에서 기도를 시작했다. 기도는 딱 한 가지뿐이었다.

"걱정 말라고 하셨지요?"

확인하고 싶었다. 이에 하나님께서 기도하는 동안 다시 한 번 확신시켜 주셨다.

"걱정 말라."

일어나서 곧바로 연구소로 향했다. 연구소는 3년 전과 변함이 없었다. 제일 먼저 박물관 책임자인 중국계 미국인 블로썸이 알아봐 줘서 고마웠다. 3년 전 고작 한 학기 동안 연구소에 있던 나를 알아보는 사람이 있어 다행스럽기도 하고 반갑기도 했다. 곧바로 가족과 함께 대학원 학장인 커밍 박사에게 갔다. 무척 반갑게 맞아 주셨고, 그동안 지내온 이야기를 나누었다. 이런저런 이야기 중 현재 사정을 말씀 드렸다.

"돈이 없어서 등록금을 내기 어렵습니다."

"등록금은 나중에 천천히 내도 된다."

"아파트에 들어가야 하는데 들어갈 형편이 못 됩니다."

이번에는 조금 당황하는 듯한 표정이었다.

"그러나 걱정하지 않습니다."

"왜 걱정하지 않느냐?"

"미시간을 떠날 때 하나님께서 걱정하지 말라고 하셨기에 걱정하지 않습니다."

"그러면 됐다."

커밍 학장은 얼굴에 미소를 지으며 말했다.

사실 창조과학연구소에 연구하고 있는 모든 교수는 이곳에 오게 된 간증이 하나씩 있다. 대부분이 하나님의 강권하심으로 오게 되었다. 오고 싶어서 온 것이 아니라 올 수밖에 없는 환경을 만들어 주셔서 온 분들이었다. 나중에 커밍 학장의 간증도 듣는 기회가 있었다. 하버드에서 미생물학으로 석, 박사 학위를 모두 받고 하늘 높은 줄 몰랐으며, 하나님의 창조 사실을 알면서도 창조과학연구소에 올 생각은 추호도 없었다고 했다. 그러나 하나님께서 결국 자신을 낮추게 하시고 이곳으로 인도하셨다고 했다.

샌디에이고에서 유일하게 알고 있던 후배의 배려로 우리 가족은 방 한 칸 아파트에서 후배 부부와 살게 되었다. 지금이야 임시라고 말할 수 있지만 당시는 얼마나 오래 같이 있어야 될지 모르는 상황이었다. 할 수 있는 것이라곤 성경 읽는 것과 기도가 전부였다. 먼저 움직일 수가 없었다. 그냥 하나님께서 어떻게 하시나 기다리는 것이 최선이고 그것이 하나님께서 주신 마음이었다. 그때 시편을 매일 묵상했는데 시편 가운데 늘 마음에 지닌 구절은 118편 8절 여호와께 피함이 사람을 신뢰함보다 나으며였다. 당시 샌디에이고에는 아는 사람이 없었기 때문에 신뢰할 사람도 없었지만 있다 해도 하나님만을 의지하라는 위로의 말씀이었다.

며칠이 지난 후 한 통의 전화가 걸려왔다. 학장이었다.

"지난 주 교회에 갔더니 어느 할머니가 사람을 구한다는 광고가 벽에 붙어 있던데 한 번 가 보지 않겠나?"

선택의 여지가 없었다. 전화를 걸어 시간 약속을 한 후 가족과 함께 그 할머니 집을 찾아갔다.

샌디에이고 6월 초는 무척 더웠다. 따가운 햇볕을 받으며 주소를 보며 더듬어 찾아갔다. 작은 언덕 맨 위에 오래된 집이 하나 보였고 대문은 잠겨 있었다. 전화에서 가르쳐 준 대로 경적을 울리자 대문이 자동으로 열렸다. 정원이 상당히 컸으며 오렌지, 살구, 사과나무를 비롯하여 여러 종류의 과일나무가 백 그루 이상 되는 듯했다. 법정 관리인 필립이 다가와 주인공인 할머니를 소개했다. 앨리스라는 94세의 백인 할머니였다. 숱이 많은 백발의 파마머리였다.(몇 주 지나서야 그 머리가 가발인 것을 알았다.) 나이는 들었지만 건강해 보였다. 자식은 없고 먼 친척이 있다고 했다.

"입주하여 할머니께 하루 세 끼를 준비해 드리면 됩니다."

필립이 말했다. 너무 놀라웠다. 거주할 수 있는 곳이 생긴 것이었다.

"이재만 씨 가족의 생활비는 할머니께서 모두 주실 겁니다. 한국 음식을 원하면 거기에 대한 비용도 드리겠습니다."

말씀에 '입을 것과 먹을 것이 있으면 족하다.'고 했던가! 기본이 해결된 것이다. 놀라운 일은 계속됐다.

"그리고 할머니께서 이재만 씨 가족에게 매월 1500달러씩 지급하실 겁니다."

"할렐루야!"

우리 가족의 사역에 펼쳐질 보이지 않는 하나님 손길! 그 귀중한 서곡이 울려 퍼지고 있었다. 보이지 않는 하나님을 전해야 할 우리의 사역에 과학적 증거가 아니라 실제적으로 우리에게 역사하시는 구체적인 증거 보따리를 풀어서 보이시기 시작했다. 우리 가족은 곧바로 후배 아파트에서 할머니 집으로 이사를 했다. 이사를 마치고 보니 주머니엔 20달러짜리 지폐 한 장과 동전 몇 푼이 남아 있었다. 하나님께서는 끝까지 몰고 가셨던 것이다.

오랜만의 연구소 수업 시간, 지질학 교수인 오스틴 박사가 학생들에게 질문했다.

"창세기에서 요한계시록까지의 구절 중 한가운데 쓰인 구절이 무엇인 줄 아는가?"

나에게 친숙한 성경 구절이었다. 미시간에서 샌디에이고로 오는 동안 가장 많이 묵상했던 구절이었다.

여호와께 피함이 사람을 신뢰함보다 나으니 (시편 118편 8절)

하나님께서는 '걱정 말라' 하신 약속을 기막힌 방법으로 행신 것이다.

앨리스 할머니께서는 우리 가족을 많이 사랑해 주셨다. 매 식사마다 할머니께서 기도를 인도해 주셨다. 똑같은 높이로 반복되는 똑같은 내용의 기도였지만 예수님의 사랑이 깃든 평안의 기도였다. 관리인은 엘리스 할머니께서 우리 가족을 만나기 전에 드시던 음식을 보여 주었는데, 모두가 다 통조림뿐이었다. 그 전에 있던 사람이 할머니를 생각하기보다는 자신이 편한 방법으로 식사를 준비했었다는 것을 알 수 있었다.

아내는 정성스럽게 음식을 준비했고 할머니는 그 음식을 좋아하셨다. 얼마 지난 후 할머니의 몸이 불어서 운동을 권유받을 정도까지 되기도 했다.

엘리스 할머니는 내게 자신의 추억 이야기 하는 것을 좋아하셨다. 하루는 앉아 있는 할머니에게 다가가 여쭈어 보았다.

"할머니는 자식이 없으세요?"

"응, 자식이 없어."

말씀하시는 표정이 그렇게 밝지는 않으셨다.

"나는 결혼을 예순 살이 훨씬 지난 다음에 했어."

"초혼을요?"

"그럼. 그때까지는 결혼할 생각이 전혀 없었지."

할머니 표정은 밝지 않았지만 내 궁금증은 더해 갔다.

"내가 젊었을 때 서로 사랑하던 남자가 있었는데 우리 부모님이 너무 반대를 해서 헤어졌고 그이는 딴 여자와 결혼을 했어. 나는 그 이후로 절대 결혼을 하지 않기로 결심했지. 왜냐하면 그 사람 말고는 결혼하고 싶은 마음이 추호도 없었거든. 그런데 내가 예순을 넘겼을 때 그이의 아내가 죽고 말았어. 그래서 그때 그 사람과 결혼해 버렸지. 결혼을 반대할 부모님들이 이젠 계시지 않았으니까."

"와!"

영화에서나 나올 법한 러브스토리에 나와 아내는 탄성을 질렀다. 결혼 후의 이야기도 궁금해졌다.

"그래서 좋으셨겠네요?"

"좋기는 뭘 좋아. 맨날 싸움만 했어! 성격이 너무 맞지 않앉어."

실례인지도 모르고 우리는 폭소를 터뜨렸다. 여전히 할머니는 씁쓸한 표정을 짓고 계셨다.

할머니와의 생활은 미시간에서 고생했던 우리 가족에게 마치 안식의 기간을 주는 듯했다. 넓은 정원에서 나무에 물을 주며 청소하면서 지냈다. 문화가 다른 미국 할머니에게 하루 세 끼를 주는 것이 쉽지는 않았지만 아내는 잘 견디었다. 아내는 미시간에 있을 때 미국 식당에서 접시 닦기를 몇 달 했는데 그때 어깨 너머 배운 것이 적지 않은 도움이 된다고 했다.

신학교에 있을 때 하나님께서 졸업하기 전에 학교에 내야 할 돈을 모두 지불해 주실 줄 알았다. 하지만 그렇게 하지는 않으셨다. 800달러정도의 미납금이 있어 졸업식에서 졸업장 없는 케이스만 받았었다. 그 돈도 할머니 덕분에 모두 낼 수 있었다. 미납금을 보낸 지 며칠 되지 않아 졸업장이 날아왔다. 이런 방법으로 약속을 지키시려는 하나님의 신실한 계획에 감사 드렸다. 내게 그 졸업장은 신학교 졸업장이 아니라 하나님 약속의 확인서였다.

할머니를 만난 지 얼마 되지 않아 한국창조과학회 강원도 지부장이셨던 차성도 교수님을 만났다. 당시 차성도 교수님은 1년간 UC 샌디에이고에 교환 교수로 계셨다. 교수님은 나를 만나자마자 "미국 서부에도 창조과학회가 시작되어야지!" 하셨다. 그러나 연구소에 온 지 얼마 되지 않았기 때문에 적잖은 부담이었다. 언젠가 창조과학 사역은 하리라 생각해 왔지만 지금은 아니란 생각이 들었다. 아직 배워야 할 것도 많고 무엇보다 하나님께서 어떻게 생각하실까 하는 것이 가장 큰 부담이었다. 그러면서도 혹시 하나님께서 사역의 기회를 빨리 주실 수도 있을 거라는 생각도 들었다.

"기도하고 결정하겠습니다."

그날 밤 바로 기도원으로 갔다. 산꼭대기에 있는 은혜 기도원에 들어가 말씀을 읽으며 기도를 드렸다. 기도를 드렸다기보다 하나님께 물어보았다는 말이 더 맞는 말이다.

"하나님 아직 준비가 되지 않았는데 이 사역을 해야 할까요?"

밤이 늦도록 말씀과 함께 기도를 했다.

그때 "그 길을 기뻐한다."라는 하나님의 음성이 들렸다. 단순한 음성이기보다는 전폭적인 영혼의 전율로 다가왔다. 얼마나 울음이 나던지 "감사합니다"라는 말만 나왔다. 그리고 기도원에서 내려와 다음날 바로 차 교수님을 만나 사역을 시작하겠다고 했다.

그해 11월 남가주 얼바인 베델한인교회에서 창립 예배를 드리면서 창조과학선교회가 시작되었다. 현 한국창조과학회 회장 이웅상 박사(당시 부회장), 현 창조과학선교회 최인식 회장(당시 창조과학회 미주지부장), 차성도 교수, 당시 UCLA에 있던 김정훈 박사(현 연세대학교 의대) 등이 참석하였다. 전임 사역을 하게 될 내가 서부 지부장으로 결정되었다. 이제는 창조과학연구소 생활과 함께 창조과학 사역도 함께 시작하게 된 것이다.

앨리스 할머니와는 육 개월을 함께 지냈다. 할머니의 연세가 너무 많아 친척들이 모시게 되면서 헤어졌다. 할머니께서는 우리와 헤어지는 것을 무척 아쉬워 하셨다. 헤어질 당시 아내가 둘째 은실이를 임신한 지 삼 개월이 되었는데 할머니께서 출산까지의 모든 비용뿐 아니라 처음 삼 개월동안 아파트비까지 내 주셨다.

나중에 할머니께서 돌아가셨다는 소식을 들었다. 돌아가신 후 꽤 시간이 흐르고 난 후였다. 놀라운 것은 돌아가신 시기가 둘째 은실이가 태어난 때와 일치했던 것이다. 할머니께서 우리 가족에게 약속하신 도움의 손길을 마무리 하시고 하늘나라로 가신 것이다.

돌아가신 소식을 듣자마자 우리 네 가족은 할머니의 묘소를 찾았다. 묘지 앞에서 기도를 드리는데 마치 하나님께서 "미시간에서의 약속을 기억하느냐?" 하시는 듯했다. 할머니와 우리 가족 모두가 영화롭게 되어 만날 모습을 그리며 하나님께 감사 드렸다. 앨리스 할머니는 하나님께서 보내 주신 천사였다.

창조특강 Q&A 아이삭 뉴턴은 누구?

뉴턴 (1642~1727, 런던)

귀띔강의

케플러의 법칙
① 모든 행성은 태양을 하나의 초점으로 하는 타원궤도를 그리며 태양 주위를 공전한다.
② 한 행성과 태양을 연결하는 동경 벡터는 동일한 시간 간격 동안 같은 면적을 휩쓸고 지나간다.
③ 행성의 항성주기(공전주기)의 제곱은 그 행성으로부터 태양까지의 평균 거리의 세제곱에 정비례한다.

역사상 가장 위대한 과학자가 누구냐고 묻는다면, 많은 사람이 주저없이 아이삭 뉴턴(Isaac Newton)을 지목할 것입니다. 광학 분야에서 흰 빛이 여러 색으로 분해된다는 스펙트럼을 발견하였으며, 반사망원경을 발명하였고 빛의 입자론도 발전시켰지요. 수학 분야에서는 이항 정리를 발견하였는데, 이 하나만으로도 그는 위대한 수학자의 대열에 낄 수 있었습니다. 쌍곡선의 면적을 소수점 이하 50자리까지 계산하여 미분법의 기초를 다지기도 하였는데, 이는 근대 수학의 초석이 되었습니다. 천문학 분야에서 케플러의 제 2법칙과 제 3법칙*을 수학적으로 증명하였으며, 갈릴레오가 발견한 목성의 위성 궤도, 태양과 달의 인력에 의한 조수 방식, 달의 운동을 수식으로 정확히 계산하기도 했습니다.

무엇보다도 그는 만유인력의 법칙 발견으로 유명합니다. 달로 하여금 27과 8분의 1일 동안 규칙적으로 지구 주위를 돌게 하는 힘에 관한 궁금증에서 시작한 발견이지요. 계산을 통해 그는 지구가 지표면에 있는 물체를 잡아당기는 힘의 3,600분의 1의 힘으로 당겨지면서 지구 주위를 돈다는 것을 보여 주었습니다. 즉 힘이 거리의 제곱에 반비례한다는 것을 수학적 계산으로 이끈 것이었습니다. 그의 엄청난 발견은 18세기 과학 혁명과 산업 혁명의 단단한 골격을 제공하였습니다.

뉴턴은 '과학'과 '가설'을 구분한 것으로도 유명합니다. 과학은 관찰로부터 입증될 수 있는, 즉 수학적 설명이 가능한 법칙을 발견하는 것이라 하였죠. 반면에 실험적 증명이 없는 가설은 거부하였습니다. "과학은 두 물체 사이에 어떻게(how) 인력이 작용하는지를 설명할 뿐이지, 그 이유(why)는 설명하지 않는다." 궁극적으로 그는 '왜' 만유인력이 생기는가 하는 문제는 창조주께 돌렸습니다. 이러한 과학의 한계에 대한 기준은 진화론이나 빅뱅(big bang)처럼 실험이 뒤따르지 않은 이론을 '믿는' 과학자들이 반드시 참고해야 할 자세입니다.

이 거대한 지식의 사람은 성경을 하나님의 말씀으로 믿었으며, 그리스도를 자신의 구원자로 믿는 신앙인이었습니다. 그는 성경적 주제로 많은 책을 썼는데, 특히 예언서에 관한 것이 많았습니다.♣ 그는 창조 시기를 성경의 족보를 그대로 계산했던 어셔(Ussher)의 연대기를 지지하는 책도 썼습니다. 대부분의 지질학적 현상을 고려하며 성경의 전 세계적인 홍수가 있었다는 것과 6일 동안 창조되었다는 성경의 기록도 확실히 믿었습니다.

그는 "나 자신은 아직 밝혀지지 않은 태곳적 진리의 바닷가에서 뛰놀며, 좀 더 둥그스름한 조약돌을 찾았거나, 보통 것보다 더 예쁜 조개를 주웠다고 좋아하는 작은 소년에 불과합니다."라고 고백했습니다. 그는 결코 자연 자체에 경탄하지 않았으며, 그 원대한 것을 창조하신 창조자 앞에서 겸손했던 것입니다.

귀띔강의

《고대왕국의 연대기와 다니엘서에 기초한 관찰들》이 특별히 유명하다.

성경 읽지 마세요!

성경은 하나님을 만나는 도구이다. 스스로 성경을 읽어 보자.

1999년 1월부터 우리 가족은 앨리스 할머니와 헤어지고 아파트 생활에 들어갔다. 지난해 11월 창조과학선교회 미서부지부가 창립된 지 두 달 정도 지난 후였다. 함께 시작한 차성도 교수님은 한국에서 강원도 지부를 설립하신 경험으로 계획성 있게 일을 추진하셨다. 특별히 차 교수님 내외분은 우리 가족을 지극 정성으로 보살펴 주셨다.

'전임 사역자는 도움을 받아야 한다.' 는 생각이 확실하셔서 넉넉지 않은 가운데서도 우리 가족과 살림을 나누어 쓰실 정도였다. 재정적인 것뿐 아니었다. 차 교수님의 세미나는 아주 열정적이었는데 그분의 인도 방법은 나중에 나의 성경 인도에도 큰 도움이 되었다. 특별히 차 교수님의 세미나 말미에 자주 나누는 믿음의 예가 있었는데 나이가가라 폭포를 밧줄타기로 횡단한 곡예사에 대한 이야기였다.

밧줄타기로 횡단을 마친 곡예사가 청중에게 물어보았다.

"내가 사람을 등에 업고도 건널 수 있겠습니까?"

"물론이죠."

청중들은 일제히 자신의 신뢰를 드러냈다.

"그러면 내 등에 업고 가야 할 사람이 필요합니다."

그러자 아무도 대답이 없고 눈도 마주치려고 하지 않았다. 그때 한 어린애가 자신이 업히겠다고 나섰다. 대충 이러한 이야기였는데, 마지막에 차 교수님께서는 질문을 던지셨다.

"누가 진짜 이 곡예사를 신뢰한 사람일까요?"

"믿음에 대하여 예수님께 전적으로 의지하는 것이 진짜 믿음이지요?"

이런 식이었다. 창조과학 자체뿐 아니라 듣는 사람이 자신의 믿음을 짚어 보는 과정까지 인도하셨다.

한편, 창조과학선교회 회장이신 최인식 집사님께서는 멀리 오하이오 클리블렌드에 계시면서 창조과학선교회가 나아갈 방향에 대하여 분명히 잡아 주셨다. 창조과학자가 어떤 신앙 고백과 함께 무엇을 전해야 하는지 시작부터 튼튼하게 잡아 주셨다. 초청기 창조과학선교회의 신앙고백을 준비할 때였다. 전반적인 신앙고백을 작성해서 집사님께 팩스를 보내 드렸는데, 다음날 새벽 네 시에 전화벨이 울렸다. 최 집사님이셨다.

"이재만 형제, 왜 하나님께서 '성경대로 육 일동안 창조한' 고백이 빠져 있는 거야?!"

그리고 6일 창조에 대한 믿음이 창조과학 사역에 얼마나 중요한지 자세하게 알려 주셨다. 이때 최 집사님께서 하나하나 짚어 주신 부분은 창조과학선교회가 곁길로 가지 않게 되는 중요한 가지치기였다.

그해 6월이었다. 초창기는 대부분의 세미나를 차 교수님께서 맡아 하셨다. 그때만 해도 세미나 진행이 서툴렀던 나는 차 교수님께 모든 부분을 배우는 단계였다. 그러던 중 샌프란시스코 근방의 헤이워드 침례교회에서 이틀 동안 세미나 초청을 받았다.

"재만 형제, 이번 세미나는 둘이서 나누어 하자."

차 교수님께서 제안하셨다.

그래서 첫 날은 차 교수님께서 인도하시고 둘째 날은 내가 인도하기로 하였다.

첫 세미나는 하나님의 디자인에 관한 내용으로 차 교수님의 여느 세미나와 같이 뜨거웠다. 차 교수님께서는 복음의 메세지로 마무리를 하셨다.

"하나님께서 세상을 창조하신 것을 믿는 것과 함께, 우리를 위하여 창조주이신 예수님께서 여러분 개인을 위하여 십자가 위에서 돌아가셨다는 것이 믿어지지 않는 분이 있다면 심각합니다."

다음날 저녁 내 차례가 되었다. 세미나 인도를 위하여 예배당으로 들어가려는데 한 남자분이 내게로 다가왔다.

"어제 세미나에서 차성도 박사님께서 말씀하신 것처럼 하나님의 창조를 믿는 사람입니다. 그런데 마지막에 말씀하신 예수님이 나를 위하여 죽으셨다는 것은 믿지 않는 사람입니다."

하필이면 이 사람이 세미나 시작 바로 전에 나타난단 말인가? 더군다나 익숙하지도 않은 세미나에 잔뜩 긴장하고 있는 순간인데 말이다. 벌써 예배당에서는 찬양이 시작되고 있었다. 잠깐 주저했지만 어쩔 수 없었다. 그분과 함께 서둘러 조용한 방을 찾기 시작했다. 다니던 교회가 아닌지라 찾는 것도 그리 쉽지 않았다. 방을 찾는 시간이 얼마나 길게 느껴졌는지 모른다. 드디어 방 하나를 발견하고 급하게 테이블 앞에 마주 앉았다. 일단 짧게 기도했다.

"이 시간 성령님께서 함께해 주시기를 기도합니다."

그리고 창조주이신 예수님께서 이 땅에 오신 이유와 왜 그분을 통해서 영원한 죄 사함을 받았는지 성경 이곳저곳을 찾아 읽어 주었다. 얼마 되지 않아 그분의 입에서 고백의 탄성이 나왔다.

"이제는 예수님을 믿습니다!"

성경을 통해서 자신의 죄가 창조주에 의해 영원히 사해진 것을 믿게 된 것이다. 하나님께로 한 영혼이 돌아오는 순간이었다. 함께 기도를 하고 일어섰다.

세미나는 그렇게 감동으로 시작하였다. 청중 앞에 섰을 때 마음이 참으로 편했다. 세미나 내내 성령님께서 예배당과 내 안에 가득하심을 느끼며 인도하였다. 특별히 하나님의 형상에 대하여 전할 때였다.

"우리는 우주의 한 부속품이 아닙니다. 그 우주를 창조하신 영원하신 하나님의 형상입니다. 여러분 하나님이신 예수님께서 왜 여러분을 위해 오셨는지 아세요? 우리가 죄인이지만 우리를 위해 돌아가실 만큼 우리가 귀하기 때문입니다."

나도 모르게 방금 전에 예수님을 영접한 분께로 눈이 돌아가고 있었다. 상기되어 있는 그분의 모습이 자꾸만 눈에 들어왔다. 차 교수님께서 전날 하신 것과 똑같이 나도 복음의 메시지를 전했다.

"여러분 아직도 여러분 중에 예수님께서 여러분의 죄 때문에 돌아가신 것을 믿지 않는 분이 있으면 심각합니다. 그런 분은 하나님과 영원히 같이 살 수 없는 거예요."

세미나를 마치고 뜨거운 마음으로 예배당 입구의 소파에 앉아 있는데 오른쪽에 어떤 한 남자 분이 나란히 앉아 있었다. 별 다른 생각 없이 그 옆 분에게 가볍게 말을 건넸다.

"하나님께서 창조하신 것이 대단하죠?"

가볍게 던진 말인데 그분이 갑자기 울기 시작하는 것이었다. 그리고 벌떡 일어나 세미나 전에 복음을 전했던 바로 그 방으로 뛰어 들어갔다. 깜짝 놀라 뒤따라 들어가려는데 그분이 들어가면서 문을 닫아 버렸다. 아마도 자신이 터진 감정에 스스로 놀라고 당황했던 것 같았다.

밖에서 기다리다가 아는 집사님께 그분에 대하여 여쭈어 보았더니 교회 생활을 그리 오래하지는 않은 분이며 사업을 하고 있다고 하였다. 기다리는 동안 혼자서 잠깐 기도한 후에 그 방으로 갔다. 손잡이를 돌리고 들어갔는데 여전히 울고 있었고 울면서 혼잣말을 했다.

"내가 왜 이러는지 모르겠다."

그리고 또 울었다. 한참 지나자 진정이 되는 것 같았다. 밖에서 이분에 대하여 들은 것이 있었기에 세미나 전에 앞에 분께 하였던 것과 같이 복음을 전하려고 성경을 폈다. 그런데 이분의 반응은 앞 사람과 완전히 달랐다.

"성경을 읽지 마십시오."

"……!"

"당신이 말하려는 것이 성경에 다 써 있지요?"

틀린 말은 아니었다.

"그러면 앞으로 그 책은 내 스스로 읽겠습니다."

의외의 대답이었다.

"나는 지금까지 혼자인 줄 알았는데 처음부터 지금까지 나의 삶을 지켜보고 계신 분이 있음을 알았습니다."

그렇게 말하며 또 울기 시작했다. 직접 복음 전하려는 생각을 접고 기도를 인도한 후 먼저 방에서 나왔다.

돌아오는 비행기 안에서 차 교수님과 함께 마음이 뜨거웠다. 이번 세미나를 인도하는 동안에 마치 사탄이 넘어지는 모습을 본 것 같았기 때문이었다. 그러면서도 비행기 안에서 "성경을 읽지 말라."는 그분의 말을 생각했다.

'왜 성경을 읽지 말라고 했을까? 그리고 왜 자신 스스로 읽겠다고 하였을까? 하나님을 만나기는 만난 것 같은데….'

그러다가 번뜻 스쳐가는 생각이 있었다.

"지금까지 혼자인 줄 알았는데 처음부터 지금까지 나를 지켜보고 계신 분이 있었다."는 그 말이 떠올랐다. 아하! 그분은 지금 아버지를 만난 것이다. 죽은 줄만 알았던 아버지를 말이다. 고아인 줄 알았는데 나이 서른 중반이 되어서야 아버지께서 살아 계신 소식을 들은 것이었다. 그 아버지가 살아 계시다는 기쁨과 감격을 만끽하고 있는데 거기서 내가 너희 아버지의 성격이 어떻고, 돈이 얼마 있고, 생김새는 어떻고 등등을 설명하려고 했으니!

지금은 그게 중요한 것이 아니었다. 그분에게는 지금 죽은 줄만 알았던 아버지가 살아 있다는 것만이 감격이었다. 지금까지 혼자가 아니었다는 것만으로 충분했다. 이제 아버지께서 살아 계신 것을 알았으니 아버지를 만나 보면 다 알 것 아닌가! 자신이 아버지께 직접 물어보고 싶었던 것이다. 스스로 성경을 직접 읽을 생각이었던 것이다. 나는 그분이 성경을 통하여 아버지 하나님의 큰 사랑에도 흠뻑 빠질 것을 의심치 않았다. 분명 예수님도 만나게 될 것이다. 성경에 써 있으니 말이다.

오직 이것을 기록함은 너희로 예수께서 하나님의 아들 그리스도이심을 믿게 하려 함이요 또 너희로 믿고 그 이름을 힘입어 생명을 얻게 하려 함이니라 (요 20:31)

나중에 소문을 통해 그분이 성경을 얼마나 열심히 읽고 있는지 듣고, 이러한 나의 예측이 틀리지 않았다는 것을 확인했다. 그리고 몇 달이 지나 하나님께서는 그분께 직접 복음을 전할 기회도 주셨고, 예측에 어긋남 없이 그 자리에서 바로 예수님을 영접하였다. 하나님이 창조주인 것뿐 아니라, 그분이 얼마나 자신을 사랑하는지도 알게 됐다고 했다. 하나님이 그토록 알기 원하는, 예수님의 사랑을 믿은 것이다.

창조특강 Q&A 왜 이렇게 생겼을까?

이제 모든 짐승에게 물어 보라 그것들이 네게 가르치리라
공중의 새에게 물어 보라 그것들이 또한 네게 말하리라
땅에게 말하라 네게 가르치리라
바다의 고기도 네게 설명하리라 이것들 중에 어느 것이
여호와의 손이 이를 행하신 줄을 알지 못하랴 (욥 12:3~9)

딱정벌레 중에 폭격수딱정벌레라는 것이 있습니다. 길이는 3.5cm 정도이며 놀랄 만한 방어 기구를 가졌습니다. 이 딱정벌레는 적이 적당한 위치에 들어왔을 때 꼬리에 달린 두 개의 연소관으로부터 매우 뜨겁고 가려움을 일으키는 기체를 뿜어내어 적을 퇴치합니다. 방어 기구의 구조를 살펴 볼까요? 딱정벌레는 두 개의 방을 갖고 있는데 그 안에는 하이드로퀴논이라는 것과 과산화수소가 각각 들어 있지요. 평상시에 이들은 전혀 만나지 않다가, 위협을 받을 때는 연소실에서 만나 섭씨 100도까지 가열된 기체를 뿜어냅니다. 만나기만 하면 반응하는 이 두 가지 화합물이 전혀 만나고 있지 않다가 필요할 때 이러한 놀라운 일을 하는 것입니다. 이 화염 방사기는 접근한 개구리나 두꺼비에게 발사하여 자신을 완벽하게 보호합니다. 더 신기한 것은 이들 두 화학 물질이

폭격수 딱정벌레

그냥 만나기만 하면 빠른 시간에 반응할 수 없는데, 두 화학 물질이 만나는 것과 동시에 이들 화학 반응을 매우 빠른 속도로 일어나게 도와주는 특별한 효소를 같이 분비한다는 것입니다.

딱따구리는 특수한 부리로 1분에 수천 번이나 나무를 쪼아 댑니다. 그러면서도 어떻게 부리가 부러지지 않고 뇌에 손상을 입지도 않을까요? 그리고 어떻게 그러한 일을 하면서 나무에 붙어 있을 수 있을까요? 딱따구리는 아주 강하고 날카로운 부리를 갖고 있으며 특별히 두개골과 뇌에 놀라운 충격 흡수 장치가 있습니다. 또한 딱따구리는 딱딱한 꼬리 깃털과 날카로운 발톱을 가진 네 발가락 다리를 가지고 있으며 이들 네 발가락은 특유한 방향으로 견고히 나무에 붙어 있을 수 있게 고안되었습니다. 그러나 무엇보다도 신기한 것은 혀에 있는데요, 딱따구리는 특유의 길고 끈적끈적한 혀를 이용하여 나무 속 깊은 곳에 있는 벌레를 잡아먹습니다. 그런데 이 혀는 너무 길어서 정상적인 새와 같이 부리 안에 보관한다면 숨이 막혀 죽게 될 정도입니다. 그렇다면 이 혀는 어떻게 보관될까요? 딱따구리의 혀는 오른쪽 코에 박혀 있습니다. 오른쪽 코로부터 혀가 나와 두 가닥으로 갈라지며 두개골의 양 옆을 돌아서 부리 밑의 구멍을 통과해 부리로 들어오죠. 여기에서 두 가닥이 하나로 합쳐집니다. 즉, 딱따구리는 긴 혀를 사용하고 있지 않을 때는 그것을 말아서 오른쪽 코에 넣어 두는 것입니다.

위의 특이한 동물뿐 아니라, 우리가 눈으로 볼 수 있는 모든 것을 보더라도 욥과 같이 창조주 하나님을 찬양할 수 있습니다.

귀띔강의

하이드로퀴논($C_6H_6O_2$) + 과산화수소(H_2O_2) = 퀴논($C_6H_4O_2$) + 산소(O_2) + 물(H_2O) + 열

딱따구리

길을 보이시는 하나님

하나님께서는 순수한 친구를 보내셔서
먹을 것과 입을 것을 마련해 주셨다.

어느덧 차 교수님께서 교환 교수 기간을 마치고 한국으로 돌아갈 날짜가 되었다. 이제 조금 있으면 혼자서 사역을 꾸려 나가게 된 것이었다. 사실 말이 지부장이지 차 교수님께서 사역의 대부분을 담당하신 것과 다름없었고 나는 그 사역을 도와주는 격이었다. 예상했던 일이지만 막상 헤어질 날짜가 다가오니 걱정이 앞섰다. 가까운 LA에서 그나마 의지가 되었던 김정훈 박사도 노스캐롤라이나대학으로 떠난다는 소식을 접했다. 아내와 나는 진지하게 하나님께 기도를 드려야겠다는 생각으로 딸 은지를 차 교수 사모님께 맡기고 하루를 내어 기도하기로 결정했다.

아파트 거실에서 함께 기도를 하던 우리 부부는 따로 떨어져서 기도하며 각자에게 주실 음성을 기다렸다. 아내는 거실에 있었고 나는 방으로 옮겼다. 이번에도 말씀을 읽으며 기도했다. 하나님께 우리 가족과 사역을 어떻게 하실지 여쭈어 보았다. 한참을 기도하고 있을 때 하나님께서는 "길을 보이겠다."는 음성을 주셨다. 다시 한 번 총체적으로 다가오는 음성이었다. 이번에도 "감사합니다."라는 말이 연거푸 나오면서 울음이 터져 나왔다. 기도를 마치고 아내와 함께 나누는 시간을 가졌다. 아내는 기도를 하면서 글을 쓰는 편이어서 내가 먼저 들었던 내용을 말했다.

"하나님께서 길을 보이겠다고 하셨어."

아내는 자신이 적은 내용을 읽으며 똑같이 "내가 길을 보이겠다."라고 하는 것이 아닌가! 하나님께서 사역의 전환점에서 주신 세 번째 말씀이었다. 우리는 함께 기도하며 감사 드렸다. 하나님께서 펼쳐 주실 미래를 기대했다.

드디어 차 교수님께서는 한국으로 돌아가셨다. 떠나신 날짜도 정확히 기억하는데 1999년 8월 17일이었다. 이제 주위에 동역자 없이 혼자 남은 것이다. 하나님께서 아내와의 기도 때 "내가 길을 보이겠다."고 하셨지만 아직 어떤 것도 눈앞에 보이지 않았다. 더군다나 9월이 다가오는데 며칠 있으면 아피트비를 내야 하지 않은가? 기도를 하면서도 "혹시 하나님께서 다른 일자리를 통해 공급하시려는 것은 아닐까?" 하는 생각도 들었다. 그래도 일할 것을 찾기 위해 내가 먼저 움직이지는 않았다. 하나님께 들은 것이 있어서였다. 그리고 지금까지 그분께서 우리 가족에게 지켜 왔던 약속을 보면 다른 일자리는 아니라는 생각이 들었다. 그분의 인도를 기다리는 편이 마음 편했다. 그렇게 애매한 가운데 며칠이 지난 8월 마지막 주가 되었다. 한 통의 전화가 왔다.

"샌프란시스코 근처의 오클랜드 사는 사람입니다. 샌디에이고로 가족끼리 놀러 가려는데 만나 뵐 수 있겠습니까?"

"누구시죠? 절 아는 분이신가요?"

"기억을 못하시는군요. 헤이워드 침례교회에서 세미나 할 때…."

아! 바로 3개월 전 차 교수님과 헤이워드 침례교회에서 함께 세미나를 인도했을 때 자기 스스로 성경을 읽겠다던 그분이었다. 그동안 궁금하기도 했는데 직접 찾아온다니 반가울 따름이었다.

9월 첫째 주, 그러니까 미국에서 가장 큰 휴일 중 하나인 노동절이었다. 전화했었던 분의 가족이 모두 내려왔다. 3일간 그들과 즐거운 시간을 보냈다. 둘째 날 밤 이 친구는 가족과 함께 호텔로 가며 나에게 말했다.

"내일 아침 식사는 호텔에서 저와 단 둘이서만 하시죠."

그러겠다고 하고 다음 날 아침 호텔 식당에서 만났다. 식사를 하는 도중 이 친구가 말을 꺼냈다.

"사실 이번에 샌디에이고에 온 것은 가족끼리 여행도 여행이지만 이재만 형제께서 어떻게 살고 있는지 보려는 것이 더 큰 목적이었습니다."

"그래요?"

"저는 지난 창조과학 세미나에서 하나님을 만났습니다. 세미나를 마치고 차성도 교수님께 어떻게 도와드리면 될지를 여쭈었습니다. 그런데 차 교수님께서 자신이 아니라 이재만 형제를 도와주어야 한다고 하더군요."

차 교수님 소리에 코가 싸해짐을 느꼈다.

"그러고 보니 이 사람은 무엇을 먹고 살까 걱정이 되더군요. 먹고 살 것 없으면 이 사역을 못할 것 같다는 생각이 들었습니다. 한 달 생활비가 얼마나 필요하죠? 필요한 만큼 보내드리겠습니다."

무언가 꽝 치는 것 같았다. 반갑기도 했지만 실감이 나지 않았다. 이것이 과연 하나님의 손길인지 사탄의 유혹인지 잠시 망설여졌다.

"잠깐 화장실에 다녀오겠습니다."

화장실 세면대 앞에서 두 손을 모으고 기도했다. 하나님께서는 기도하는 마음 가운데 확신을 주셨다. 다시 테이블로 돌아와 말했다.

"도와주신다니 참으로 감사합니다."

"아닙니다. 받아 주셔서 제가 오히려 감사합니다."

그 후 2년 동안 그러니까 사역의 궤도에 오를 때까지 이 친구는 한 달도 거르지 않고 아파트비와 생활비 그리고 연구소 학비까지 보내 주었다. 하나님께서 다시 한 번 "내가 길을 보이겠다."라는 신실하신 말씀을 지켜 행하셨다. 이 형제의 순수한 마음을 통해서 말이다.

창조특강 Q&A 노아에게 주신 언약, 우리에게 주신 새 언약?

> 그러나 너와는 내가 내 언약을 세우리니 너는
> 네 아들들과 네 아내와 네 자부들과 함께 그 방주로
> 들어가고 (창 6:18)

의인 여덟 명에게 하나님께서는 언약을 세우셨습니다(established). 성경 전체에서 언약이라는 단어가 처음 언급되는 것이 바로 이 구절입니다. 언약(covenant)의 의미는 기본적으로 '관계(relationship 또는 bond)'를 내포합니다. 즉, 하나님과 사람과의 관계 형성을 의미하죠. 홍수 이전에 말씀하신 이 언약은 홍수가 끝난 후 무지개를 사인(sign)으로 보여 주셨습니다.

언약은 또한 하나님의 사람을 향한 조건 없는 하나님의 약속으로 이어집니다. 그렇지만 하나님과의 언약이 세워지기 전에 그의 언약으로 들어가기 위하여 사람들은 어떤 조건을 완수해야 합니다. 노아 가족의 하나님을 향한 순종이 바로 하나님의 언약으로 이어졌듯이 말이죠.

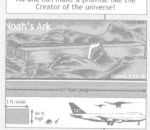

노아 홍수에는 극단적으로 상반된 두 가지가 등장합니다. '홍수'와 '방주' 입니다. 하나님께서 홍수는 심판의 도구로, 방주는 구원의 도구로 사용하셨습니다. 홍수는 하나님의 엄하심을 추호의 여지없이 보여 주는 반면, 방주는 그 크기, 재료, 제작 과정부터 꼼꼼하게 챙기시는 하나님의 극진하신 사랑을 보여 줍니다. 바로 은혜를 입은 노아 가족이 타게 될 구원의 도구이기 때문이지요.

그러므로 노아 홍수는 성경 가운데 심판과 구원에 관하여 첨예하게 대립되는, 심판과 구원에 대한 실례를 들기에 가장 적합한 모델입니다. 그 언약 안에 있는 자와 밖에 있는 자에 대한 차이도 첨예하게 나타나는데요, 방주에 탑승하지 못한 사람들은 홍수로 인하여 지면에서 쓸어버림을 받아 하나님의 심판을 면치 못했으나 방주에 탔던 노아의 여덟 가족은 방주에 승선해 구원을 얻게 되었습니다. 바로 언약의 사람들이었습니다.

예수님을 통해 하나님께선 우리에게 새 언약을 주셨습니다. 그런데 그 언약은 이전의 언약보다 더 좋은 언약의 보증(guarantee)이라고 했습니다. 이와 같이 예수는 더 좋은 언약의 보증이 되셨느니라 (히 7:22) 새 언약의 사인으로는 성찬을 주셔서 우리는 성찬을 할 때마다 하나님께서 세우신 언약을 기억하는 것이죠. 이 잔은 내 피로 세운 새 언약이니 이것을 행하여 마실 때마다 나를 기념하라(고전 11:25) 그리고 예수 그리스도는 새 언약의 중보(mediator)로 첫 범죄부터 해결하시며 하나님의 관계를 완전히 이어주셨던 것입니다. 그는 새 언약의 중보니 이는 첫 언약 때 범한 죄를 속하려고 죽으사(히 9:15) 또한 그의 피와 죽음은 영원한 언약이라고 하셨습니다. 양의 큰 목자이신 우리 주 예수를 영원한 언약의 피로 죽은 자 가운데서 이끌어 내신(히 13:20)

우리는 노아 시대의 언약 관계가 없는 자들처럼 하나님의 진노를 피할 수 없는 사람들이었습니다. 그러나 예수님께서 먼저 찾아오셔서 피를 흘리시고 이로 인하여 더 좋은 언약의 보증이 되어 주셨습니다. 노아는 무지개를 볼 때마다 하나님의 언약을 기억했을 것입니다. 이와 같이 바로 새 언약의 성찬에 참예할 때마다 예수님을 통해 하나님께 감사 드리게 됩니다.

나를 키운 창조과학연구소

나를 키운 것은 창조과학 지식이 아니라 창조과학자들의 삶이었다.
삶이 복음의 실체다.

창조과학연구소에 있는 동안 하나님께서는 사역에 대하여 다양하게 가르치셨다. 그 가운데 연구소에 계시는 교수님들을 통해서 많은 것을 배우게 하셨다. 나는 그분들에게서 창조과학에 대한 지식은 물론이고, 삶을 배웠다. 그분들이 살아가는 모습을 보면 힘이 났다.

차성도 교수님께서 한국으로 돌아가시고 난 후에 자연적으로 창조과학연구소의 커밍 학장을 만나는 일이 늘어 갔다. 사역에 대한 조언을 듣기 위해서였다. 창조과학선교회가 비영리단체로 등록할 때 영어 이름도 커밍 학장과 머리를 짜서 만든 것이었다. 영어 이름을 어떻게 짓는 게 좋겠냐는 나의 물음에 요즘은 첫 글자가 모여서 좋은 모양이 나와야 한다며 가능한 단어를 나열해서 엮기 시작하셨다. 그래서 나온 것이 Association for Creation Truth이다. 첫 글자만 따면 ACT가 되는데 '하나님께서 행하신다.'는 의미다.

커밍 학장은 언제나 가족에 대한 안부를 물었다. "가족들은 괜찮느냐? 바쁠 때면 가족들 돌보는 것을 소홀이 하기 쉬우니 주의해야 한다."며 가정과 사역의 균형에 대하여 조언을 잊지 않았다.

헨리 모리스 박사님은 여든을 훨씬 넘은 나이에도 사무실에 매일 출근하셨고, 하루에 한 번은 연구소 전체를 둘러보셨다. 창조과학선교회 사역이 커 가는 모습을 보시며 "재만을 보면 내가 처음 연구소 시작할 때를 보는 것 같다."며 격려해 주시곤 했다.

연구소에 다시 온 지 1년쯤 지났을 때 미시간에서 몰고 왔던 차를 도둑맞았다. 이 사실을 연구소에 기도 제목으로 냈는데 그날 헨리 모리스 박사님께서 부르셨다. 키를 하나 주시면서 자신이 쓰던 차를 타라는 것이었다. 받기는 했지만 앞으로 언제 차가 다시 생길지 모르는 상황에서 마냥 탈 수는 없을 듯했다.

"차가 언제 생길지 모르는데 언제까지 이 차를 탈 수 있습니까?"

"차가 생길 때까지 써도 되니까 부담 갖지 않아도 된다. 그리고 언젠가 너도 하나님께서 새 차를 주실 거다."

빌려주신 차는 아주 큰 대형 승용차였는데, 차를 잃어버렸다는 아쉬움보다 오히려 헨리 모리스 박사가 사용하던 차를 타고 있다는 것이 더 기뻤다. 그 차에는 진화론적 사고로 가득 차 모두들 거꾸로 가는 세상에서 창조의 깃발을 들고 바로 가야 한다고 외쳤던 대담함과 의연함이 배어 있는 것 같았다. 나중에 차성도 교수님께서 한국으로 떠나시면서 타시던 차를 주실 때까지 나는 현대 창조과학 운동의 아버지인 헨리 모리스 박사님의 차를 쓸 수 있는 영광을 누렸다.

창조과학선교회 사역이 커가면서 아파트의 내 방을 사무실로 쓰는 데도 한계가 생겼다. 컴퓨터, 프린터, 스캐너, 뉴스레터까지 감당하기 어려웠다. 일과 집이 분리되지 않는 것도 힘든 일이었다. 그러나 재정이 쉽지 않았기 때문에 섣불리 사무실을 구할 수도 없었다. 그때 연구소에 새로운 현대식 건물이 세워지고 있었다. 그곳에 사무실이 있었으면 하는 바람으로 커밍 학장을 찾아갔다.

"새 건물에 사무실을 얻을 수 있겠습니까?"

"미안하지만 너무 많은 창조과학 기관이 이곳에 들어오려고 문의를 해서 아무도 받지 않기로 이미 결정이 났네. 좀 곤란하겠어."

그러고는 나를 빤히 쳐다보는 것이었다.

"그런데 재만이가 필요하다면 사람들이 어떻게 생각할지 모르겠다. 내일 기도 시간에 물어볼 테니까 내일 오후에 다시 찾아와 보게."

다음 날이 되었다.

"재만! 연구소에서 인기가 대단하더군. 방을 하나 주기로 했네!"

 날아갈 것 같았다. 그렇지만 사무실에 대한 렌트비가 남아 있었다.

 "재정이 어려워서 사무실 렌트비를 정기적으로 내기는 어려울 것 같습니다."

 "렌트비는 받지 않기로 했네."

 "한 달에 얼마를 연구소에 낼지 모르지만 앞으로 창조과학선교회 수입의 십일조를 연구소에 내겠습니다."

 커밍 학장은 오히려 나를 걱정하는 투로,

 "재만, 네 염려하는 편이 더 나을 것 같네."라고 하는 것이었다.

 "연구소에서 렌트비를 내라고 하든 말든, 그리고 사무실을 주든지 주지 않든지 앞으로 창조과학선교회 사역의 십일조를 연구소에 내겠습니다."

 이 약속은 그날 이후로 한 달도 거르지 않고 지켜졌다. 처음 연구소에 도착했을 때 연구소 자체가 사역을 하는 곳이므로 재정이 빠듯하다는 것을 묻지 않고도 알 수 있었다. 그때 내 마음에는 이곳은 내가 재정적인 도움을 받을 곳이 아니라 내가 도와주어야 할 곳이라는 생각이 들었다. 그리고 하나님께 꼭 그러한 위치가 되기를 기도 드렸다. 이번 사무실에 들어가는 것을 계기로 그 기도가 실행된 것이었다. 연구소 덕분으로 내가 하나님을 만나고 지금 사역을 하는데 연구소 내용만 빼서 쓰는 것이 아니라 나도 도움을 주고 싶었다. 우리 사역이 커 가는 만큼 연구소도 같이 혜택이 있었으면 하는 바람이었다. 그러기 위해 가장 좋은 방법이 창조과학선교회로 오는 후원금과 사례비의 십일조란 생각이 들었던 것이다. 그 이후부터 처음보다 연구소로 보내는 금액이 점점 많아지는 것은 참으로 신나는 일이었다.

연구소에 있는 분들은 하나님께서 신실하게 자신의 필요를 채워 주신다는 것을 경험해 온 사람들이었다. 그러한 경험이 배어나는 품행 때문에 창조과학 지식뿐 아니라 그들의 삶을 배울 수 있는 것 또한 감사했다.

창조과학연구소 역사 이래 가장 큰 프로젝트였던 RATE project가 시작할 때였다. 방사성 동위원소 연대측정법에 대한 과학적 모순을 연구하는 당시에는 7년 계획으로 모든 창조과학연구소의 물리학자와 지질학자가 투입되었다. 시작할 시기에 프로젝트를 위한 기획안을 보게 되었다. 내용이 너무 훌륭하고 가슴 뛰었다. 그런데 각 연구 목록마다 적지 않은 연구비가 청구돼 있었다.

"이 정도 훌륭한 연구면 일반 과학 단체에서도 지원을 받을 수 있겠네요?"

지질학과장인 스티브 오스틴 박사에게 물어보았다.

"창조과학연구소가 설립된 이래 기독교 단체 이외에는 후원을 받지 않기로 규정을 세웠네."

이해가 되는 말이었다. 후원 단체로부터 영향을 받을 수 있기 때문이다. 그래도 걱정이 되었다.

"만약에 돈이 부족하면 이 중요한 프로젝트를 못하게 되는 것 아닙니까?"

귀띔강의

RATE project "수천 년 일 뿐…수십 억 년이 아니다." 진화론적 동위원소 측정에서는 동위원소가 개체 밖으로 빠져 나가는 가능성을 완전히 배제하기 때문에 지구 나이 측정에 큰 오류를 범한다. RATE 연구에서는 우라늄에서 헬륨이 발생하는 속도와 그것이 저어콘 밖으로 빠져 나가는 속도를 모두 측정하여 성경의 역사를 지지하는 약 6,000년이란 결과를 냈다. 이 외에도 진화론에서 반감기를 이용해 계산한 결과 십만 년 이후면 완전히 붕괴돼야 하는 C-14가 석탄과 다이아몬드에 아직 존재한다는 사실을 밝혀냈다. 이는 진화론자들이 석탄의 나이를 3억 년, 다이아몬드를 수백만으로 결정내린 오류를 수정한 쾌거였다.

"들어온 후원금만큼 연구하면 되네. 재만, 돈으로 다 하는 건 아닐세."

매사에 이런 식이었다. 그렇지만 지금까지 필요한 만큼 채워지지 않은 적이 없다고 했다. 이 프로젝트는 2005년 11월에 최종 발표를 했는데, 지금까지 창조과학 연구의 최고 결실로 평가받고 있다. 발표하는 곳에는 2,300명이 운집할 정도로 대성황이었다. 더군다나 이 프로젝트의 성공으로 많은 사람이 창조과학연구소의 더욱 다양하고 심도 있는 연구의 필요성을 공감하게 되었다. 서두르지 않는 것이 가장 바르고 빠른 방법이라는 것을 알게 했다.

연구소장인 존 모리스 박사도 내게 특별했다. 만날 때면 "You are so special!(넌 아주 특별해)"란 말을 잘 했고 나의 사역 이야기 듣기를 기뻐했다. 특별히 창조과학 탐사여행에 대한 성공을 무척이나 기특하게 생각했다. 사역이 확대됨에 따라 샌디에이고에서 LA로 이사를 하게 되었을 때는 특별히 아쉬워하며 말했다.

"퇴근할 때마다 자네 사무실을 들여다보면 '재만이가 아직도 저기 있구나.' 혼잣말이 절로 나왔는데 아쉽군 그래."

지금도 연구소 분들을 만나러 가든지 창조과학 박물관을 인도하러 가든지 연구소를 생각하면 마음이 편하고 기쁘다. 마치 어머니 품에 온 것처럼 아늑하다.

방사성 동위원소 연대측정

C-14의 양의 반이 N-14로 변하는 기간을 반감기라고 부르는데 그 기간이 5730년이다. 실제 살아 있는 사슴뿔을 가지고 연대를 측정을 하면 5,000-10,000년으로 측정되는가 하면, 나무 조각도 1,000년 이상의 연대를 보여 준다. 실제로 이러한 엉뚱한 예는 찾기 어렵지 않다.

창조특강 Q&A 헨리 모리스는 누구?

헨리모리스(1918~2006)

1800년대 말부터 성경적 지질학자를 찾는 것은 쉽지 않은 일이 되었습니다. 지질학이 과학자에게 진화론과 동일과정설의 패러다임을 주도한 분야이기 때문입니다. 이는 진화론과 동일과정설이 검증된 사실이라서가 아니라 과학자에게는 그 패러다임을 벗어버린다는 것 자체가 두려운 일이기 때문입니다. 그러나 동일과정설은 1960년도부터 지질학계에서 일어난 실험적 방법에 의해 점차 무너지기 시작했습니다. 즉, 퇴적층, 지형, 화산, 화석, 석탄 등 지질학의 기본이 되는 부분에서 실험을 시도할 때마다 '시간'에 의해 형성되는 것이 아니라, 어떠한 '사건'이 주요 원인이라는 것이 증명된 것이지요. 여기에 중요한 역할을 한 과학자가 바로 헨리 모리스입니다.

헨리 모리스는 현대 창조과학 운동의 아버지로 잘 알려져 있습니다. 학문 분야는 수리학이지만 지질학에 큰 영향을 주었지요. 어떤 퇴적 물질이 움직이기 위해서는 물이 얼마나 필요한지 실험을 통해 수학적으로 계산해 냈습니다. 즉, 바위나 모래가 그 크기에 따라 운반될 때 필요한 물의 양을 계산한 것이죠. 이 계산 결과는 지형이나 바위를 볼 때 오랜 시간이 지나며 지금의 자리에 왔을 것이라는 막연한 생각을 버리게 합니다. 그의 계산으로 볼 때 지금의 계곡을 메우고 있는 바위는 아무리 시간이 지나도 스스로 움직일 수 없으며 지금의 자리에 오게 만든 일정량의 물이 필요하다는 결론이 나옵니다. 당연히 이들이 움직였던 물의 양은 오늘날과는 비교도 할 수 없는 엄청난 양이었지요. 그리고 지구 위에 펼쳐 있는 모든 산과 계곡이 보여 주는 이러한 모습은 전 지구를 덮었던 격변의 결과라고 할 수 있습니다. 그의 계산은 실제 홍수에 의한 피해 예측에 적용할 수 있는데, 시간이 지나면 돌이 이동한다는 식의 막연한 사고로 이러한 단순한 생각을 시도해 볼 수 없도록 한 것입니다.

그는 또한 진화론자들이 만든 지질계통표는 지구의 역사가 아니며 진화론적 허구의 결과라고 단정지었습니다. 그밖에 화석, 석탄 등 다양한 부분에서도 노아 홍수의 당위성을 논리적으로 설명하였으며, 창세기 1장의 셋째 날에 만들어진 땅과 홍수 기간에 만들어진 땅의 구분을 통하여 지질학계가 고심하는 선캄브리아기와 고생대 경계 부분을 명쾌히 해결하기도 하였습니다. 특별히 1961년 출판된 그의 책『창세기 홍수』를 통하여 이러한 내용을 자세히 기재하였는데 많은 과학자가 진화론을 벗어 버리고 성경적 창조로 돌아오게 하는 전기를 마련하였습니다.

과학 분야 뿐 아니라 창세기, 욥기, 계시록, 시편 등에 관하여 역사적 사실에 기초한 주석을 썼으며, 성경에 기초한 기독교 교육학에 관한 책을 집필하기도 했습니다. 그의 성경에 대한 변증이 일반 과학자에게 큰 설득력이 있어 마침내 1970년도 Institute for Creation Research(ICR)를 설립하여 기독인 과학자가 모여 성경에 기초한 연구의 기틀을 마련했습니다. '창조과학 Creation Science' 이란 단어가 하나의 고유명사로 자리 잡는 데 가장 중요한 역할을 한 사람이기도 합니다.

귀띔강의

석탄과 노아홍수 창조과학자들은 석탄의 원래 식물은 자신이 자라던 곳에서 만들어진 것이 아니라, 다른 곳에서 이동하여 현재 석탄이 생성된 위치에 도달했다는 이동퇴적이론(홍수이론)을 지지했다. 이는 진화론에서 지지하는, 식물이 오랜 시간 한자리에 쌓여서 만들어졌다는 습지이론에 반하는 것으로, 석탄을 대격변의 부산물로 이해했다.

3
그랜드캐년에 가면 누구나 창조과학자가 된다

벼랑 끝에서의 시작

백 번 듣는 것보다 한 번 보는 것이 낫다던가.
그랜드캐년 탐사여행을 통해 창세기를 확신하는 사람이 늘어났다.

아직 샌디에이고에 있을 때인 2000년 2월 LA에 사는 백영번이란 집사님으로부터 전화를 받았다. 그랜드캐년을 중심으로 2박 3일간 창조과학과 함께하는 여행을 인도해 달라는 것이었다. 이분이 어떻게 내 연락처를 알았는지 모르지만 창조과학연구소에 있는 한국 사람이 샌디에이고에 산다는 말을 듣고 수소문해서 전화를 한 것이다.

창조과학 여행이라고 하니 미시간의 코너스톤대학교에서 학생을 인도했던 생각이 났다. 그때 짧은 시간이지만 학생들에게 큰 효과를 거두었던 기억이었다. 그래도 그건 지질학 과목 중에 있는 실습이었다. 일반인들에게 과연 통할지 모를 일이었다. 그래도 마음은 끌렸다.

며칠 후 사전 답사를 위하여 집사님과 함께 떠났다. 캘리포니아, 네바다, 애리조나에 넓게 펼쳐진 모하비 사막에 들어서면서 머릿속에 여행의 청사진이 그려졌다.

"여기서 이 지질학 이야기를 하면 좋겠다. 여기서 이 성경 말씀을 하면 이해할 수 있겠다."

세도나를 들리며 특히 놀라웠다. 처음 가 보는 곳인데 매우 아름다운 곳이었다. 온통 빨간색 퇴적암으로 쌓여 있고 흙도 빨간 황토로 되어 있는 매력적인 도시였다. 그러나 지금은 뉴에이지의 중심지로 변해 버린 도시였다. 한국 TV에서도 세도나에 대한 다큐멘터리가 방영된 이래로 많은 명상가가 며칠씩 머물며 기를 받으려고 노력하는 곳이기도 했다.

그러므로 기독교인에게는 뉴에이지 신봉자의 생활과 세계관이 어떤지 쉽게 볼 수 있는 곳이었다. 뉴에이지는 진화론과 뗄 수 없는 관계인데 이곳은 진화론과 함께 성경적 세계관을 설명할 수 있는 좋은 동기가 되리란 생각이 들었다. 나중에 탐사여행이 시작되었을 때 이곳에서 많은 참석자가 성경적 세계관과 세속적 세계관을 정확이 분별하는 중요한 계기를 갖게 되었다. 사탄이 사용하는 도시를 성경을 더욱 확신하고 성경적인 사고로 변화시키는 장소로 역이용한 것이다.

처음 가 본 곳이 또 하나 있었는데 규화목 국립공원이었다. 커다란 화석이 되어 버린 수많은 나무가 나둥그러져 있는 규화목✚이 있는 곳이다. 규화목으로 세계에서 가장 유

규화목 물이 나무를 통과해서 흐를 때 물속에 있던 광물의 요소가 고체로 변하여 만들어진다.

명한 곳이다. 그래서 규화목 삼림 지대(petrified forest)라는 이름이 붙은 지역이다. 나중에 지질학 책에서 규화목이라고 보았던 사진이 한결같이 여기서 찍은 것이라는 것을 알았다. 이곳을 돌면서 화석의 형성과 노아 홍수의 관계를 설명하기에 좋겠다는 생각을 했다. 규화목 국립공원과 같은 지역에 있는 곳이 페인티드 사막이었다. 마치 페인트를 칠해 놓은 듯이 퇴적층이 선명하게 보인다고 해서 붙은 이름이었다. 동글동글한 작은 언덕 모양을 보며 여기서는 장소나 여행의 순서로 보아 노아 홍수 말기 물 빠지는 장면을 설명하는 데 안성맞춤이라 여겨졌다.

마지막으로 그랜드캐년을 갔을 때는 3년 전 창조과학연구소에서 오스틴 박사를 만나고 난 후 혼자서 찾아왔을 때가 떠올랐다. 이곳에서 하나님께서 물로 심판하시는 모습을 설명한다는 생각을 하니 가슴이 뜨거워졌다. 그리고 3일간의 일정 중 그랜드캐년을 맨 마지막 경유지로 했으면 좋겠다고 마음 먹었다.

그런데 참으로 이상한 것은 집으로 돌아오자 답사를 하는 동안 뜨거웠던 마음은 감쪽같이 사라지고 갑자기 두려워졌다. 과연 사흘 동안 내가 참석한 사람들을 이끌 수 있을까? 하는 의문이 들었다. 아무리 생각해도 아직은 아닌 것 같았다. 조금 더 준비한 후 해야 할 것 같았다. 아내에게도 실토했다.

"아무래도 내가 할 일이 아닌 것 같아."

아내는 하나님께서 알아서 하실 것이라고만 했다.

날짜가 다가오면 올수록 두려운 마음은 더해 갔다. 결국 집사님께 전화를 걸었다.

"아무래도 자신이 없습니다."

집사님께서는 펄쩍 뛰시는 것이었다.

"이제 와서 무슨 말씀을 하시는 거예요?"

"아무리 생각해도 아직은 아닌 것 같습니다. 내 자신이 준비가 덜 된 것 같아요."

집사님은 그래도 떠나야 한다고 했다. 하는 수 없이 그냥 하나님께 맡기자 생각하고 마음을 내려놓았다.

그런데 떠나는 주에 갑자기 비가 오기 시작했다. 비가 오면 여행은 취소된다.

'하나님께서 역시 아직 준비되지 않은 걸 아시는구나.'

내심 쾌재를 불렀다.

더군다나 집사님께서 전화를 주셨는데 비가 이렇게 오면 가기 어려울 것 같다고 했다. 듣던 중 반가운 소식이었다. 떠나기 전날까지 비가 왔다.

그런데 집사님께 다시 전화가 왔다.

"무조건 떠나기로 결정했습니다."

취소될 것으로 준비도 하지 않고 안심하고 있었는데 벽력같은 소리였다. 이제 정말 여행을 떠나야만 했다.

LA에서 출발할 버스로 가는 동안 줄곧 걱정만 가득했다.

'하나님, 사람들 앞에서 창피만 당하지 않게 해 주십시오.'

버스에 도착하니 서른세 명의 참가자가 기다리고 있었다. 첫 참가자는 대부분이 LA 온누리교회 분들이었는데 유진소 담임목사님을 포함하여 두 분의 부목사님도 참석하셨다. 버스를 탔을 때 앉아 있는 사람들이 일제히 나를 보았다.

'이제는 죽었구나!'

'하나님, 정말 도와주셔야 합니다. 저는 여기서 나갈 수도 없습니다. 3일 동안 이분들께 무엇을 말할 수 있겠습니까?'

버스 맨 앞좌석에 앉아 간절한 기도를 마치자마자 급히 스케줄을 노트하기 시작했다. 어디를 지나갈 때 어떤 비디오를 보여 주고, 어떤 것을 설명하고, 숙소에 돌아가서 주제 강연은 어떤 제목으로 하고….

창조과학 탐사여행은 떠날 때부터 하나님의 기름 부음이 있었다. 가는 곳마다 프로그램의 순서마다 하나님께서 역사하셨다. 참가자들은 하나님께서 성경대로 하신 일에 감탄했다. 돌아오는 길에 버스에서 나눈 간증의 시간까지 그 감격이 이어졌다.

"이제 성경을 그대로 믿기로 결심했습니다."

"욥의 고백처럼 하나님을 눈으로 보고 갑니다."

"이 사실을 꼭 전해야 하겠습니다."

창조과학 탐사여행은 이렇게 시작됐다. 내가 준비한 것은 아무것도 없었다. 두려워만 하고 있던 나를 세우시고 하나님께서 하신 것이다! 첫 여행을 성공적으로 마친 후 그 다음에 몇 번 스케줄을 바꾸어 해 본 적도 있었지만 이때 버스에서 준비한 기본 틀 이상의 효과를 보지 못했다. 바꾸었다가는 결국 처음 만들었던 스케줄로 돌아갔다. 그때 작성한 스케줄은 이 프로그램을 위해 하나님께서 직접 준비해 주신 하나님의 계획이었다.

이 여행을 떠나면서 백 집사님께서 '창조과학 탐사여행'이라고 이름을 지으셨다. 그래서 여행의 이름도 탄생하게 되었다. 창조과학 탐사여행은 백 집사님을 통하여 시작하게 하시고 참석하신 분들의 입을 통해 전해지면서 하나님의 행하심을 전하는 귀한 도구가 되어 갔다.

창조특강 Q&A 진화론에 대처하는 우리의 자세는?

언젠가 창조과학 세미나를 초청했던 목사님께서 이런 말씀을 하셨습니다.

"신학교에서 취급하지 않던 내용이면서도 실제로 목회를 하다 보면 자주 받게 되는 질문들이 많다. 진화, 지질시대, 수십억 년 된 지구의 나이, 공룡 이야기, 유인원, 가인의 아내, 인간의 수명, 노아의 방주 등이 그렇다."

우리는 이러한 질문을 만나게 되면 기본적으로 세 가지 자세를 취하게 됩니다.

① 성경은 기본 교리를 언급하려고 하는 것이지 이러한 자질구레한 문제를 다루고자 하는 것이 아니다.
② 기존에 진화론에 영향을 받은 해석을 이용하여 답을 내리려 한다.
③ 진화론적 사고를 벗어나 성경이 사실이라는 기초 하에 설명한다.

처음 두 가지 방법은 중요한 문제점을 가지고 있습니다. 성경은 역사라는 것을 통하여 교리를 설명하기 때문입니다. 하나님의 성품, 죄, 심판, 구원, 복음 등과 같은 기본 교리는 창조, 타락, 홍수, 바벨탑, 그리스도의 탄생 등의 일련의 역사 과정과 동떨어진 것이 아닙니다. 시공간 속에 그대로 일어났던 사건을 통해 세워진 것입니다. 그러므로 성경이 사실의 연속이라는 것이 허물어지면 기독교 교리가 설 자리를 잃게 될 우려가 있습니다.

야곱의 딸 디나가 강간을 당하자 야곱의 아들들이 강간범 세겜을 죽이고 그의 물건을 노략하는 사태가 일어났을 때, 아버지 야곱의 태도는 우리를 돌아보게 합니다. 야곱은 가족과 자기와 함께 한 모든 사람과 함께 벧엘로 올라갔습니다. 벧엘은 야곱이 부모와 헤어지고 외삼촌 라반에게 가는 길목에서 하나님을 직접 만난 곳입니다. 그때 하나님은 **나는 여호와니 너의 조부 아브라함의 하나님이요, 이삭의 하나님이라**(창28:13)고 말씀을 시작하셨습니다. 수십 년 전 하나님을 만났던 바로 그곳에 다시 온 것입니다.

올라가면서 야곱은 **너희 중의 이방 신상을 버리고 자신을 정결케 하고 의복을 바꾸라**(창 35:2)고 명령했습니다. 주위에 어떤 것이라도, 자신의 어떤 것이라도 거짓된 것이라면 하나님과 함께 할 수 없는 것을 알고 있었습니다. 그때 하나님께서 그들과 함께하셨습니다. 그들이 **발행하였으나 하나님이 그 사면 고을로 크게 두렵게 하신 고로 야곱의 아들들을 추격하는 자가 없었더라**(5절) 그리고 야곱에게 **이스라엘이 네 이름이 되리라**(10절)하셨으며, **나는 전능한 하나님이니라**…(11절) 하시며, 다시 한 번 바로 그 하나님이심을 확인시켜 주셨습니다. **내가 아브라함과 이삭에게 준 땅을 네게 주고 내가 네 후손에게도 그 땅을 주리라**(12절)

오늘날 무엇이 하나님의 역사를 거짓으로 만들어 버렸을까요? 진화론적 역사가 하나님께서 행하신 역사와 함께할 수 있을까요? 하나님을 믿는 우리는 진화 신상을 버려야 합니다. 우리 자신을 진화론에서 정결케 해야 합니다. 창조의 의복으로 갈아입어야 하는 것입니다. 그리고 벧엘로 올라가는 것입니다.

사십 명 모아 오겠소!

간증은 간증을 낳았다.
창조과학 탐사여행은 복음 전달의 도구가 되어 주었다.

탐사여행은 요한1서 1장 1절의 성경 말씀을 체험하는 창조과학 프로그램이다.

태초부터 있는 생명의 말씀에 관하여는 우리가 들은 바요 눈으로 본 바요 주목하고 우리 손으로 만진 바라

사도요한이 고백한 것처럼 성경 말씀에 기록된 것을 듣기만 하는 것이 아니라 자세히 보기도 하고 만질 수도 있다면 얼마나 기쁘겠는가? 탐사여행은 이러한 바람을 가능케 한다. 우리의 눈을 가리고 있었던 진화론적 사고에서 벗어나고 창조과학 내용과 함께 성경과 피조 세계를 함께 보는 방법만 터득하

의심하는 도마 카라바조, 1603.

면 누구나 누릴 수 있는 것이다. 실제로 탐사여행에 참석한 사람들은 여행을 마치고 한결같이 "하나님께서 성경 그대로 행하셨습니다!"라고 고백한다.

창조과학선교회의 사역 대상이 기본적으로 교회이기 때문에 탐사여행 참가자 대부분은 교회를 다니는 사람이다. 그러나 거의 매번 탐사여행을 떠날 때마다 교회를 다니지 않는 사람들이 몇몇 참여하게 된다. 또한 교회를 다니지만 자신이 진화론자라고 솔직하게 선포(?)하고 타는 사람도 있고, 진화론을 믿고 있지만 내심 '이 사람이 무슨 말을 하나 들어 보자.'라고 자신을 숨기고 타는 사람도 있다. 어떤 경우는 이 여행이 무슨 여행인지도 모르고 탑승하는 경우도 있다.

초창기의 일이다. 버스가 떠나면서 출발 기도를 하자,

"이 버스 어디 가는 거요?"

맨 앞좌석에 앉았던 30대 중반의 두 분이 갑자기 눈이 휘둥그레져서 물어보는 것이었다.

"그랜드캐년 가는 창조과학 탐사여행입니다."

"라스베가스는요?"

"라스베가스라뇨?"

난감한 표정이었다.

일반적으로 LA에서 그랜드캐년으로 떠나는 기존 여행은 미국에서 가장 큰 도박 도시인 라스베가스를 경유하기 때문에 그랜드캐년을 간다는 소리만 듣고 아무 생각 없이 탑승한 것이었다. 그러나 창조과학 탐사여행은 진행상 라스베가스를 들릴 만큼 여유도 없고, 전체 분위기에 도움도 되지 않기 때문에 라스베가스에서 숙박을 하지 않는다. 그런데 어찌하랴 버스는 이미 고속도로 위를 달리고 있는데! 이분들은 이젠 돌이킬 수 없다는 것을 알고 체념했다.

"한국에서 출장 왔는데 귀국하기 전에 라스베가스와 그랜드캐년은 꼭 봐야겠다는 생각에 탔는데 완전히 실수했습니다."

말투를 듣자하니 그랜드캐년보다는 라스베가스에 더 가고 싶었던 듯했다.

처음에는 버스에서 하는 강연과 비디오를 보는 둥 마는 둥 하였고, 성경 이야기를 할 때면 애써 외면하는 표정을 지었지만 시간이 지남에 따라 점점 변화되고 있음을 그들의 얼굴을 보면 알 수 있었다. 사실 창조과학 탐사여행의 최고 강점 중에 하나가 바로 이것인데 일단 버스에 타면 듣기 싫어도 들어야 하고 보기 싫어도 봐야 한다는 것이다. 다른 프로그램들은 참석자들이 듣고 있다가 자기 생각과 맞지 않아 자리를 떠나도 말릴 수가 없지만, 탐사여행은 다르다. 일단 발을 들여놓은 이상 끝날 때까지 참아야 한다. 그러다가 조금씩 자신이 가졌던 생각들의 문제점을 받아들이고 나중에 가서는 "성경이 사실입니다!"라고 고백하게 된다.

첫 번째 숙소인 윌리엄스에 도착하여 저녁식사를 마치고 정리 강연에 들어갔다. 다행이도 바로 방으로 올라가지 않고 강연 장소에 남아 주어서 고마웠다. 첫 강연인 "나는 누구인가?"를 강연하던 중에 이들과 뭔가 통하기 시작했다는 느낌이 들었다. 강연을 마치고 다가가서 물어보았다.

"재미있었어요?"

약간은 쑥스러운 표정으로 웃으며 끄덕거렸다. 더 이상 말을 거는 것은 너무 밀어붙인다는 느낌을 줄 것 같아서, "안녕히 주무세요."라고 인사를 한 후 헤어졌다. 다음 날 그들은 분명히 달라진 표정이었다. 세도나에서 경유지 강연을 할 때도 맨 뒤에 서 있기는 했지만 언제나 위치는 내 얼굴이 보이는 곳에 자리를 잡았다. 본격적으로 노아 홍수를 시작하며 규화목 국립공원, 페인티드 사막을 돌면서 감탄하기 시작했는데, 어떤 때는 감탄하다가도 자신이 감탄하고 있다는 것이 쑥스러워서인지 정색을 하기도 했다. 점점 주위 사람들과 말도 나누기 시작했다. 사실 나머지 분들은 대부분 교회를 다니고 있기 때문에 이 분들에게 특별히 잘 대해 준 것도 큰 역할을 했다. 둘째 날 정리 강연에는 아주 진지했으며 강의 내용을 거의 받아들였다는 표정이었다.

일정을 마치고 돌아가며 버스에서 나눔의 시간이 있었다. 그중 한 분은 자신의 심정을 이렇게 함축했다.

"하나님께서 저를 이 버스에 강제로 타게 하셨음을 알았습니다. 라스베가스로 가려는 저를 하나님께서 이 버스로 옮기셨습니다."

우레와 같은 함성과 박수가 이어졌다. 그때 뒤에 앉아 있던 한 분이 큰 소리로 물어보았다.

"라스베가스에서 도박하려고 얼마 가져왔소?"

"백 달러요."

"그 백 달러 창조과학선교회에 헌금하쇼. 보나마나 다 잃고 갔을 테니까!"

"맞다, 맞아!"

버스 안은 여기저기서 동의하는 소리가 들렸다.

2001년 8월에 떠난 여행이었다. 첫째 날은 LA에서 그랜드캐년 근처까지 도달하는 데 여덟 시간이나 걸리기 때문에 모든 프로그램이 버스에서만 진행된다. 점심을 먹으면 바로 펼쳐지는 사막을 보면서 이루어지는 '사막과 성경'의 강연뿐 아니라 비디오 시청 등의 버스에서 프로그램이 주를 이루게 된다. 실제로 첫 날 버스에서의 시간이 중요하다. 왜냐하면 이때 자신들이 가졌던 진화론적 사고가 벗겨지기 때문이다. 첫째 날의 긴 버스 여행을 마치고 첫 번째 숙소인 그랜드캐년 근처 윌리암스라는 시골 도시에 도착할 때쯤이었다.

그때까지 아무 말도 없었던 앞줄의 노신사 한 분이 손도 들지 않고 물어보았다.

"성경에서 육축이란 말이 나오는데 이게 무슨 뜻이오?"

처음에는 정말 궁금해서 하신 질문인 줄 알았다.

"영어로는 cattle이니까 가축을 말하는 것이지요."

"육축이라는 단어가 사전에 나옵니까?"

뜻밖의 질문이었다. 물어보시는 얼굴을 보니 심기가 아주 불편한 모습이었다.

"잘 모르겠습니다."

"당신, 잘 모르면서 뭘 아는 사람처럼 앞에서 이야기하는 거요? 성경을 보니 이렇게도 말하고 저렇게도 말하는데, 번역도 제대로 못한 책을 가지고 이러쿵저러쿵 말하는 거요?"

그러면서 계속해서 자신의 불만을 얘기하는 것이었다. 잘 진행되던 전체 분위기가 흔들리는 듯하였다. 연세도 지긋하시니 교회에 오래 다니신 분인지 알고는 이렇게 말했다.

"장로님 고정하십시오."

"나 장로 아니오. 교회 다니는 사람도 아니오!"

나중에 알게 되었지만 이분은 지금은 은퇴하신 건축학 교수로, 젊은 시절 북한에서 공부를 하신 분이었다. 교회를 전혀 다니지 않으셨는데 아들 부부가 갑자기 몽고 선교사로 떠나겠다고 했다는 것이었다. 아들이나 며느리 모두가 공부를 많이 해서 이제 자리를 잡겠거니 했는데 갑자기 말도 안 되는 선교사로 가겠다니 도저히 이해가 되지 않으셨다. 선교사 후보생 며느리가 이러한 아버님께 여러 가지로 복음을 전하다가 도저히 통하지가 않자 창조과학 탐사여행이 있다는 소리에 그랜드캐년 구경 다녀오시라고 보낸 것이었다. 그러니까 이 어르신은 그랜드캐년 여행이라 여기고 탔는데 막상 버스에 올라서니 성경 얘기하는 교회 프로그램이라는 것을 알게 된 것이었다. 그러니 얼마나 억울하고 괘씸했겠는가. 울화가 터지는 일이었다. 하루 종일 참고 계시다가 숙소에 도착할 때가 되어서 폭발한 것이었다.

그래도 저녁 식사 후에 있는 주제 강연을 비롯한 모든 프로그램에 성신하게 참석하셔서 고마웠다. 첫째 날 저녁, 인간은 진화론자가 말하듯 보이는 것 중에 하나가 아니라 보이지 않는 하나님의 형상이라는 내용의 강연을 들으실 때까지 거의 말이 없으셨다. 그래도 다음날 낮 시간까지 꽤 불편한 것 같앉다. 그러다가 노아 홍수를 본격적으로 다루는 오후부터 그 표정이 진지해졌다. 둘째 날 저녁 노아 홍수와 지구의 나이를 묶어서 정리하는 주제 강연을 할 때도 표정이 없으셨다.

마지막 날 아침 그랜드캐년에 도착했을 때 입을 꼭 다문 채 심각한 얼굴을 보이셨다. 전날 밤 이미 그랜드캐년이 노아 홍수의 흔적을 통하여 어떻게 형성되는지 들으셨기 때문이기도 하고, 그랜드캐년 앞에서 하는 경유지 강연을 들으면서 창조과학자의 설명이 정말로 타당하다는 것을 인정하셨기 때문이었다. 그랜드캐년 앞에서 나에게 한마디 하셨다.

"맞아 이 협곡◆은 오랜 세월 깎이고 깎여서 만들어진 것이 아니야. 엄청난 양의 에너지가 필요해."

돌아오는 버스 안 간증 시간에는 급기야 이렇게 고백하셨다.

"좋은 말씀 많이 들었습니다. 이 탐사여행은 모든 사람들이 꼭 참석해야겠습니다!"

LA에 도착하였을 때 마중 나와 있던 선교사 후보생 며느리는 시아버님의 표정을 살피고 있었다.

'성공일까, 실패일까…?'

이 며느리는 삼 일동안 얼마나 간절히 기도했을 것인가. 시아버님이 역정은 내지 않으실까 하는 불안감과 하나님께서 분명히 일을 행하셨을 것이라는 희망이 섞여 있었다.

내리시는 어르신께 내가 다가가서,

"사랑합니다. 하나님도 선생님을 사랑하십니다."라고 안

그랜드캐년의 협곡 그랜드캐년은 깊이 약 1.8Km, 길이 약 450Km, 폭 최대 약 16km의 엄청난 규모의 협곡으로 유명하다. 협곡의 생성에 대해서는 동쪽과 북동쪽에 커다란 두 개의 호수가 연달아 터지면서 생성됐다는 '댐붕괴 이론'이 지지받고 있는데, 지형적으로 보면 호수의 크기는 한반도의 면적과 비교될 만한 크기였을 것으로 추정된다. 엄청난 양의 물이 갇혀 있다가 터졌으며 그 막대한 양의 에너지가 기존의 퇴적층들을 가르며 협곡을 형성한 것이다.

아 드릴 때, 며느리는 하나님께서 하신 일을 확신했다. 말 없는 시아버님의 심중의 변화를 읽은 것이었다.

탐사여행을 마치고 며칠이 지나 사무실로 전화가 왔다. 바로 그 어른이었다.

"내가 40명을 모아 오겠습니다! 이 탐사여행은 모두 다 꼭 참석해야 해요."

그 후 이분을 몇 번 더 만났다. 아직도 완전히 아들의 선교 사역에 동의하지는 않는다 하시면서도, 가만 듣다 보면 결국은 아들과 며느리 자랑이었다.

창조특강 Q&A 노아 홍수 후 땅에는 어떤 변화가?

> 지면의 모든 생물을 쓸어버리시니
> 곧 사람과 짐승과 기는 것과 공중의 새까지라
> 이들은 땅에서 쓸어버림을 당하였으되 홀로 노아와
> 그와 함께 방주에 있던 자만 남았더라 (창 7:23)

지구 어느 곳에서나 하나님께서 성경대로 행하신 흔적을 발견할 수 있지만, 여러 면에서 그랜드캐년은 이러한 장점을 고스란히 간직하고 있는 훌륭한 장소입니다. 성경을 자세히 살펴보면 전 지구가 물로 덮인 후에 땅이 형성되는 과정이 두 번 언급되어 있습니다. 첫 번째는 창세기 1장 셋째 날에 궁창 아래의 물이 한 곳으로 모이면서 드러나는 땅(창 1:9)이고, 두 번째는 깊음의 샘들이 터지고 하늘의 창들이 열리면서, 모든 코로 숨 쉬는 생물을 멸하실 때 만들어진 땅(창 7:11~8:5)입니다. 모두가 전 지구적인 사건임을 보여 주고 있습니다.

만약에 이러한 전 지구적인 사건이 있었다면, 분명히 그 흔적을 남겨놓았겠지요. 그것도 지구상 어디서나 발견할 수 있어야 하겠지요. 놀랍게도 지구상 모든 곳에서 이러한 증거는 어렵지 않게 찾을 수 있습니다. 단지 교육 과정이 진화론에 맞춰져 있기 때문에 그러한 것을 볼 수 있는 눈을 막고 있을 뿐입니다. 또한 창세기 셋째 날 만들어진 땅과 홍수 동안에 형성된 땅은 큰 차이가 있는데, 이러한 차이점도 조금만 설명을 들으면 쉽게 구분할 수 있게 됩니다.

이 두 땅의 가장 큰 차이점이 무엇일까요? 창세기 셋째 날 만들어진 땅에는 없는데 홍수 때 만들어진 땅에는 있는 것이 있습니다. 바로 화석입니다. 셋째 날 만들어진 땅은 생물을 만들기 전이

잠자리와 거북이의 화석

기 때문에 화석이 있을 리 없겠지요. 물론 홍수 동안 땅이 밀리는 과정에서 화석이 끼어들 수는 있겠지만, 발견되기는 힘들 것입니다. 반면 홍수 때 만들어진 땅은 전 지구적인 격변이었고, 당시 살고 있던 생물의 많은 양이 매몰되었으므로 화석을 포함하고 있을 것입니다.

진화론적 입장에서는 지구상의 가장 보편적인 지질 현상도 그 이유를 설명하지 못합니다. 왜 화석이 전혀 발견되지 않다가 어느 부분부터 갑자기 발견되는지 이해하지 못합니다. 그러나 성경이 사실이라는 눈으로 보면 너무나 분명하고 쉬운 모습입니다.

그랜드캐년에서는 홍수 전에 만들어진 층과 홍수 동안에 만들어진 두 층의 경계*를 어느 곳보다 쉽게 관찰할 수 있습니다. 전혀 화석이 발견되지 않은 심하게 변형된 층(지질학자들은 이들을 선캄브리아층이라 부르지요.) 위에 수많은 화석을 포함하고 있으며 거의 변형이 없는 층이 갑자기 나타나는 것이 분명히 보입니다. 이러한 양상은 세계 모든 곳에서도 관찰되지만, 그랜드캐년에서는 특히 보기 좋게 관찰됩니다.

홍수 전후의 지층 그랜드캐년의 지층은 홍수 이전과 홍수 후가 확연히 구분된다.

창조과학 탐사여행의 마지막 날 아침 참가자들은 그랜드캐년 앞에 서게 됩니다. 물을 한 곳으로 모으시면서 보시기에 좋았더라 하셨던 땅과 죄악을 미워하여 심판하는 동안 형성된 땅을 함께 보면서 서로의 생각을 나누지요. 스스로 노아가 되어 보는 것입니다. 두 개의 땅을 모두 보고 많았던 노아와 가족이 되어 봅니다. 하나님이 보시기에 좋았더라 하신 땅의 모습은 사라지고 수마가 할퀴고 간 흔적만을 보았을 때 그들의 심정은 어떠했을까요?

창조 때 땅과 홍수 때 땅

그랜드캐년은 창조 때 보시기 좋았다고 하신 땅과 심판으로 내리신 홍수 후의 땅을 동시에 볼 수 있는 곳이다.

창조과학 탐사여행의 하이라이트는 말할 것 없이 그랜드캐년이다. 숙소가 있는 시골 도시 윌리엄스에서 한 시간가량 북쪽으로 이동하면 상상할 수 없었던 장면이 등장한다. 1.8km의 아찔한 깊이와 서울-부산 거리와 비슷하니 한눈으로 볼 수도 없는 엄청난 길이의 협곡에 압도되고 만다. 협곡 사이를 통하여 보이는 층층이 쌓인 퇴적암의 아름다운 광경은 광활한 협곡과 절묘한 조화를 이룬다. 처음 방문한 사람들은 그저 "세상에, 세상에!"라는 말만 연발한다. 나 역시 수십 번도 넘게 보는 장면이지만 볼 때마다 그 환상적인 장관이 늘 새롭다.

탐사여행 버스가 아닌 일반 여행 버스를 탔던 사람들은 기본적으로 두 가지 반응이 나온다. 일반 사람이라면 대개 이런 생각을 한다.

"이 협곡이 만들어지는 데 얼마나 장구한 세월이 걸렸겠는가!"

기독교인들이라면 하나님을 찬양하며 이런 생각을 한다.

"하나님께서 창조하신 그 위대한 모습을 보고 있구나!"

그러나 창조과학 탐사여행의 참가자들은 위의 둘과는 다른 반응이다. 처음 볼 때는 그 장대함에 똑같이 놀라는 모습을 보이지만, 한편으로는 보이지 않는 무언가를 그리게 된다. 그랜드캐년 속에 담겨있는 하나님의 마음을 읽게 되기 때문일 것이다. 그랜드캐년은 하나님께서 창조하셨던 모습이 아니라 오히려 하나님께서 심판하신 흔적이라는 것을 알기 때문이다. 참가자들은 그랜드캐년에 도착하기 전에 이미 이 지층이 언제 어떻게 형성되었고, 협곡은 어떠한 과정으로 이루어졌는지 과학적 증거와 성경적 증거를 들었다. 그리고 그랜드캐년의 야바파이 포인트에서 직접 설명을 듣는 시간을 갖는데 이때는 더욱 숙연해진다. 바로 그랜드캐년이 보여 주는 지층과 화석을 포함한 지질학적 증거들이 성경에 기록된 노아 홍수와 얼마나 일치하는지를 직접 보고 있기 때문이다.

그러나 더 큰 감격은 따로 있다. 가장 중요한 장면이 눈앞에 선명하게 드러나기 때문이다. 바로 창세기 1장에서 하나님께서 창조하셨던 땅과 노아 홍수로 인해 형성되었던 땅의 경계를 볼 수 있기 때문이다. 실제로 이 경계는 지구상 모든 퇴적암 지역에서 쉽게 발견된다. 그랜드캐년에서는 다른 어느 곳보다 협곡이 깊이 파였기 때문에 두 층의 경계를 쉽게 볼 수 있다는 장점이 있는 것이다. 더군다나 그랜드캐년 협곡은 수목으로 덮여 있지 않고 암벽으로 이루어져 있기 때문에 그 경계가 적나라하게 드러난다.

창조과학 탐사여행 참석자들은 그랜드캐년에서 그 모습을 분명하게 볼 수 있다. 물론 홍수 동안에 모두 뒤틀리고 변형되었지만 "보시기에 좋았더라" 했던 땅의 흔적과, 노아 홍수 때 매몰된 생물의 화석을 담고 있는 심판의 땅을 동시에 보고 있는 것이다. 그랜드캐년 앞에서 노아 홍수에 대하여 지질학적 설명을 마친 후, "여러분 그랜드캐년 멋있지요?" 하면 "네!" 한다.

그러나 멋있다고 대답은 했지만 표현하지 못한 무언가가 가슴속에 느껴진다. 그것은 홍수 동안에 격렬했던 현장의 모습일 수도 있고, 살려 달라고 울부짖는 목소리일 수도 있다. 또한 심판하시는 하나님의 위엄일 수도 있고, 인간을 지으심을 한탄한다고 말하셨던 슬픔일 수도 있다.

"노아 홍수에서 방주로 살아남은 자가 몇 명이지요?"

"여덟 명이요!"

♣ 그러나 노아는 여호와께 은혜를 입었더라(창 6:8)

"이들은 하나님께 은혜를 입었다고 했습니다.♣ 여러분 하나님께 은혜를 입었습니까? 어떻게 은혜를 입었습니까? 누구를 통해 하나님께 은혜 입은 것을 알지요?"

"예수 그리스도!"

"베드로후서 3장에는 그때와 동일한 말씀으로 심판하신다고 했습니다. 구원받는 방법은 언제나 동일합니다. 바로 하나님의 은혜입니다. 우리는 예수 그리스도의 은혜의 방주에 탔습니다. 그랜드캐년, 정말 멋있지요. 저도 그렇게 생각합니다. 그렇지만 우리는 보이는 것을 보면서 보이지 않는 것을 그릴 수 있어야 합니다. 심판의 흔적이 이렇게 멋있는데 보시기에 좋았더라 하셨던 그 모습은 얼마나 아름다웠겠어요?

심판을 하셨지만 하나님의 베푸심으로 곳곳에 아름다움을 많이 남겨 두셨습니다. 그러나 우리는 세상의 아름다움을 느낄 때마다, 훨씬 더 아름다웠던 모습을 그려 볼 곳이 있습니다. 죄 짓기 이전의 모습은 얼마나 아름다웠을까요? 더 나아가 구원받은 사람들이 앞으로 갈 곳은 얼마나 멋있을까요?"

우리 삶의 방향은 성경적으로 정해져야 한다. 보이는 이곳이 전부가 아니라는 사실을 말이다. 그리고 그곳에 방향이 구체적일수록 이 땅에서 어떻게 살아야 하는지 바르고 구체적인 계획이 서게 되는 것이다. 그제야 이 땅에서의 삶이 훨씬 가치가 있음을 알게 된다.

우리에겐 답이 있다. 그랜드캐년에서도 그 계시의 답을 앞에 놓고 보아야 그 의미를 알 수 있다. 만약 그랜드캐년에 왔는데 홍수 이전 층과 홍수 층을 보지 못하고 돌아갔다면 그 사람은 100%를 놓치고 간 것이다.

창조특강 Q&A 노아의 홍수는 사실일까? - 홍수 일지 -

> 하나님이 노아와 그와 함께 방주에 있는 모든 들짐승과 육축을 권념하사 바람으로 땅 위에 불게 하시매 물이 감하였고
> (창 8:1)

이 시점에서 노아 홍수 과정을 한 번 요약할 필요가 있을 듯합니다. 노아 홍수는 크게 두 단계로 나눌 수 있습니다. 첫째는 깊음의 샘들이 터지며 물이 점점 불어 천하의 높은 산이 다 잠기기까지, 즉 물이 전 지구를 덮어 가는 150일 간의 과정입니다. 이를 창조과학자들은 홍수 초기 단계(early stage)라고 부릅니다. 둘째는 지구 전체를 덮고 있던 물이 빠져 나가고 마르기까지 221일 간의 과정입니다. 이를 홍수 후기 단계(late stage)라고 합니다.

이제까지는 주로 노아 홍수의 초기 단계에 형성되는 지질학적 증거를 나누었습니다. 살아 있을 때 매몰된 화석, 빠른 속도의 퇴적으로만 만들어질 수 있는 지층, 수많은 나무껍질이 탄화된 석탄 등을 다루었습니다. 이들은 모두 시간이 지나면서 만들어지는 것이 아니라 어떠한 '사건'을 경험해야만 만들어진다는 사실과 이들이 대규모로 지구상 모든 곳에서 발견된다는 것은 그 사건이 전 세계적인 규모였음을 보여 줍니다. 거꾸로 성경에 적혀 있는 노아 홍수의 진행 기록을 순수하게 받아들이면 가장 쉽게 이들의 형성을 이해할 수 있으며, 실제로 노아 홍수와 같은 대격변을 배제하고는 이들의 지질학적 모습을 설명하는 것은 불가능하다고 설명해 왔습니다. 이들 대부분은 물이 불어나는 기간에 형성되는 것으

로 설명이 가능합니다.

천하의 높은 산을 다 덮었던 물이 8장 1절을 기점으로 감하는 방향으로 전환됩니다. 과연 온 땅을 덮었던 그 많은 물은 다 어디로 사라진 것일까요? 성경에서는 크게 두 가지 과정으로 육지의 물이 감소했다고 표현했습니다. 하나는 바람으로 땅 위에 불게 하시매 물이 감하였고(창 8:1)이며, 다른 하나는 물이 땅에서 물러가고 점점 물러가서(창 8:3)입니다. 바람으로 땅 위에 불어 물이 감했다고 하는 것은 하나의 증발 과정을 의미합니다. 한편 물이 땅에서 물러갔다고 하는 것은 육지의 물이 다른 한 곳으로 이동하였음을 말합니다. 하나님께서는 바로 이 두 가지 과정을 통해 땅을 다시 드러내신 것입니다.

홍수 전기 과정의 증거로 제시했던 지질학적 증거와 마찬 가지로 홍수 후기에 일어났던 두 과정도 노아 홍수의 중요한 실마리를 제공합니다. 이 과정도 전 지구상에 그 흔적으로 지질학, 지형학적 특징을 만들어 놓았음에 틀림없습니다. 그것도 어렵지 않게 관찰할 수 있는 것입니다. 홍수 전기 과정은 땅을 파 보아야 나오는 것이지만, 오히려 홍수 후기 과정은 오늘날 볼 수 있는 지표상의 흔적이 더 우세하기 때문에 실체도 접근하기 더 쉽지요. 산, 강, 바다, 호수 등 눈으로 쉽게 관찰될 수 있는 것들이 노아 홍수 후기 과정을 이해하지 않고는 접근하기 어려운 것들입니다.

노아홍수 일정표		
150일간	**땅에 물이 창일함**	
2/17	깊음의 샘과 하늘의 창들이 열림	
3/26	비가 멈춤	40일 후
	물이 창일함	
225일간	**물이 줄어들고 땅이 마름**	
	바람으로/감하고 물이 물러감	
7/17	방주가 아라랏 산에 머뭄	74
10/1	다른 산봉우리 보임	40
	비둘기, 까마귀를 내보냄	21
1/1	방주 뚜껑을 젖힘	29
2/27	방주에서 나옴	57

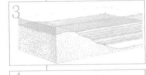

노아 홍수의 진행
(Morris, J. *The Geology Book*, 2000)

여정 끝에서 맛본 자유

주님 앞에 자신을 내려놓는 자유를 느껴 본 적 있는가?
하나님의 참 지식이 들어오면 자유가 함께 온다.

2003년 겨울 수양회 인도차 오랜만에 샌디에이고에 방문했다가 깜짝 놀랄 소식을 접했다. 몇 달 전 창조과학 탐사여행에 참여하셨던 김옥경 장로님께서 돌아가셨다는 것이었다. 김 장로님은 샌디에이고에 살 때부터 나와 인연이 있었을 뿐 아니라 지난 창조과학 탐사여행까지 함께하셨다. 다른 기억보다 지난 탐사여행을 끝내고 돌아오는 버스에서 해 주신 말씀이 기억났다. 내게 개인적으로 하셨던 긴 간증이었다.

"나는 서울대학교의 법대를 나왔고 항상 남보다 아는 것이 많다는 생각으로 살아왔지. 대학에 다니면서 법학뿐 아니라 다방면에 관심도 많아 당시에 다윈의 『종의 기원』*의 원본을 구해서 읽을 정도로 진화론에도 심취해 있었지. 미국으로 건너온 다음에도 마음속에는 늘 나보다 지식이 많은 사람은 없다는 자부심이 마음속에 자리 잡고 있었어.

하나님을 모르던 내가 샌디에이고의 갈보리 장로교회를 다니던 중 예수님을 영접하게 되었지. 예수님을 영접한 이래로 성경을 읽고 하나님을 의지하는 삶으로 변하게 되었네. 그러나 지식에 대한 자부심은 사라지지 않고 교회를 다니면서도 주위 사람을 우습게 여기는 것이 쉽게 사라지지 않았어. '한국 최고의 대학에서 법을 공부하고 미국 유학까지 다녀온 난데 말이야…!'

사람들이 모르는 것을 나는 알고 있다고 믿었어. 그러한 자세는 당연히 겉으로 풍겨나서 남들은 나를 거만한 사람으로 생각했지. 나도 이 부분은 잘 알고 있었지만 그래도 나의 세상 지식이 남들보다 한 수 위라고 여겼으니, 자세야 고쳐야겠지만 그러한 생각이 잘못되었다고는 심각하게 여기지 않았지.

사실 몸이 너무 좋지 않았기 때문에 여행은 생각지도 않다가 한기홍 담임목사님의 권유로 순종하는 마음으로 탑승하게 되었네. 이재만 선교사가 버스에서 처음으로 했던, '우리가 하나님을 믿는 첫 번째 이유는 사실이기 때문'이라는 말을 듣자마자 이 여행은 무언가 다르다는 생각이 들었어. 그러면서 내 마음이 조금씩 변화고 있다는 느낌이 들었지. 각 순서마다 남들보다 지식에 대하여는 한 수 위라고 여겼던 마음이 점차 무너지기 시작한 거야. 여행의 순간마다 내가 남들보다 낫다고 여기던 지식들이 하나님 없다고 하는 사람들의 의견

「종의 기원」 1859년에 간행된 다윈의 대표 저서로, 변이의 법칙, 생존경쟁, 본능, 잡종, 화석, 지리적 분포, 분류학 및 발생학 등 여러 면에서 자연선택설을 전개하고 있다.

사람이 정말 원숭이에서 진화했을까?

에서 나온 진화론적 지식이었다는 것을 알게 되었지. 또한 그러한 지식에서 비롯된 진화론적 사고가 내 마음에 크게 자리 잡고 있었다는 것도 발견하였네. 그런데 이번 여행을 통해서 그러한 진화론적 사고가 성경적 사고로 바뀌면서 그동안 버리지 못했던 지식에 대한 교만을 버리게 되었네. 그리고 창조과학 탐사여행에서 그러한 자유를 주신 예수님께 너무 고마워."

흔들리는 버스에서의 긴 간증이었지만 또박또박 말씀을 이어가시던 장로님께서는 지금까지 쌓아 온 자신의 지식이 하나님 앞에서 아무것도 아니라는 깨달음을 얻으셨다. 그리고는 오히려 기뻐하는 모습이었다. 그동안 사람의 지식이란 울타리에 갇혀 있던 마음이 하나님의 창조 사실 앞에서 자유를 얻으신 것이다. 장로님은 그 자유함이 드러나는 환한 미소로 하나님을 찬양했다.

주님 앞에 자신을 내려놓을 때 느끼는 자유는 이를 경험한 사람들만이 이해할 수 있는 느낌이다. 탐사여행을 마치고 얼마 되지 않아 돌아가셨기에 장로님께서 지식으로부터의 자유 속에 지내신 기간이 길지는 않았지만 그 기간은 일생의 어느 시기보다 가슴 벅차고 감격스러웠을 것이다. 이러한 심정이 예수님을 만나고 싶은 하늘나라의 소망으로 간절하게 이어진 것은 아니었을까?

훗날 천국에서 장로님을 다시 만나면, 하나님께서 행하셨던 흔적을 나눈 탐사여행 이야기와 그때 하나님께서 주신 평안함을 버스에서 나누었던 날을 함께 회상할 것이다. 영혼의 자유함을 주신 예수님께 감사 드린다. 창조과학 탐사여행에서 많이 나오는 간증 중에 하나가 하나님 안에서 자유를 느낀다는 것이다.

창조특강 Q&A **다윈은 누구?**

린네 세계의 동식물 표본 목록을 만들고 종을 체계화했으며 종의 개념을 명확히 했다. 종을 식물학의 기본 단위로 보고, 성서적 가르침에 따라 고정 불변한다고 하였다.

찰스 다윈(Charles Robert Darwin, 1809~82, 영국)은 에라스무스 다윈(Erasmus Darwin, 1731~1802)의 손자로 태어났습니다. 에라스무스 다윈은 의사였으며, 이전의 린네 가 분류했던 식물계를 확대한 *Botanic Garden*(식물원)의 저자로 유명합니다. 그는 생물을 진화의 순서로 설명하려고 시도했는데, 이것이 찰스 다윈의 이론에 큰 영향을 끼치게 됩니다.

젊은 시절 다윈은 5년간 비글호에 함께할 것을 초청받고 여행에 동참하게 되었는데 이때 일생에 극히 중대한 시간을 맞이하게 됩니다. 여기서 그는 '자연선택(natural selection)' 이라는 진화 신념의 핵심 용어를 탄생시켰습니다. 다윈의 자연선택은 "경쟁에서 이긴 개체들(individuals: 하나의 생물체)이 자연적으로 선택된다. 이 개체들의 특별한 능력이 주위 환경에서 생존할 수 있는 기회를 주며, 이 유전적 체질은 다음 세대로 넘어간다. 이 작은 변화가 오랜 기간 쌓여서 결국에 지금의 여러 종들이 되었다."라고 요약할 수 있습니다.

다윈 이전에 용불용설*을 발표했던 프랑스의 라마르크(Lamarck, 1744~1829)가 '나중에 획득된 장점'의 결과가 진화를 일으킨다고 본 반면에, 다윈은 '태어날 때부터 갖고 있는 유전적인 장점' 이 다음 세대로 전달되면서 진화가 일어난다고 설명했습니다. 두 가지 이론이 근본적인 차이는 있지만 진화가 한 종 안에서 다양해지는 가운데 일어난다고 하는 점에서 동일하지요.

다윈은 『종의 기원』에서 진화의 다양한 원인에 대하여 많은 쪽수를 할애하고 있습니다. 그는 적응에 의해 다양해진다고 믿었으며 이에 대한 주제로 무려 한 단원을 할애하고 있습니다. 이는 종들이 다양해지는 과정을 설득력 있게 설명하는 것이 자신의 책의 사실 여부를 결정하는 가장 중요한 부분이기 때문입니다. 그러나 다윈의 책을 보면 다양성에 대한 과정에 많은 조건을 걸거나 설명을 포기하는 부분을 쉽게 발견할 수 있습니다. 예를 들면, "다양성은 많은 알려지지 않은 법칙에 의해 좌우된다.", "얼마나 영향을 주었는지 알지 못한다." "아마도" "일지도" 등의 표현이 그렇습니다.

용불용설 "동물의 어떤 기관을 다른 기관보다 자주 쓰거나 계속해서 쓰게 되면 그 기관은 점점 강해지고 또한 크기도 더 해가며 더 나아가 특별한 기능을 갖게 된다. 상대적으로 어떤 기관을 오랫동안 사용하지 않고 그대로 두면 차차 그 기관은 약해지고 기능도 쇠퇴한다."는 이론

또한 다윈은 소위 말하는 생존 경쟁에 의해서 유리한 자가 살아남는다고 했습니다. 그러나 오늘날까지 생존 경쟁의 어떠한

'법칙'도 발견된 적이 없습니다. 생존 경쟁은 같은 종끼리의 경쟁을 말하는데 생존 경쟁이 있다 할지라도 종이 변하는 진화와 무관하죠.

다윈은 과학자라기보다 수집가였습니다. 갈라파고스 섬에서 많은 생물을 수집했습니다. 생물의 색깔, 모양, 크기, 부리의 길이 등을 잘 관찰했습니다. 그러나 그는 이러한 관찰 결과가 자연선택이라는 이해하지 못할 힘으로 이루어졌다는 가정을 파고들었습니다. 그는 훌륭한 수집가였지만 그릇된 해석자였던 셈입니다.

왜 억지로 믿게 하려고 그래요?

믿음은 증명으로 되는 것이 아니다.
우리는 믿음으로 하나님의 증거를 확인해 갈 뿐이다.

매년 8월 첫째 주가 되면 즐거운 만남이 기다리고 있다. 바로 미대륙 반대편의 동부에서 오는 필라델피아 영생장로교회 팀이다. 이 교회는 먼저 참석했던 사람들의 간증과 교회지원에 힘입어 매년 8월 첫 주마다 창조과학 탐사여행에 한 팀씩 보내고 있다. 첫 번째 여행에 이용걸 담임목사님께서 참석하신 이후로 계속되는 행사였다.

2004년 8월 참 뜨거운 날씨 속에 닷새 동안 진행된 창조과학 탐사여행이었다. 한 해 만에 영생장로교회 팀을 만난다는 즐거움으로 시작했는데, 처음부터 자꾸만 눈에 들어오는 분이 있었다. 이번에도 얼굴에 불만이 가득한 분이셨다. 40대후반으로 보이는 남자 집사님인데, 듣기로는 탐사여행 등록도 제일 나중에 했다고 했다. 이틀이 지나도 그 불만 가득한 모습은 변함이 없었다. 그 다음 날도 마찬가지였다. 셋째 날 저녁 식사 후 그날의 주제 강연을 마치고 그 집사님께서 다가오셨다.

"잠깐 할 얘기가 있습니다."

나도 그동안의 표정도 걸렸기에 개인적으로 시간을 갖고 싶었던 터라 쾌히 승낙했다. 다른 사람은 모두 돌아간 다음 둘이서만 테이블에 앉았다. 무슨 이야기를 하실까 무척 궁금했다. 교회내 분위기상 창조과학에 친숙하실만도 한데 무슨 연유로 불만이신지 듣고 싶었다. 집사님은 아직도 펴지지 않은 불편한 얼굴로 첫 마디를 던졌다.

"왜 억지로 믿게 하려는 거요?"

이 질문과 말투에는 삼 일 내내 줄곧 간직해 온 마음이 함축적으로 담겨 있었다. 마치 지금까지 탐사여행을 하면서 그 내용이 사실이라는 것을 반대하지는 않지만 무언가 말은 해야겠고, 그런 답답한 중에 적당히 시작할 말을 어렵게 뽑아낸 한 문장이었다.

나는 마주 보며 미소로 대답했다. 이제 시작했으니 집사님 스스로 마음껏 말씀하시라는 표현이었다. 일단 어렵게 말을 꺼낸 집사님은 이제는 좀 더 여유 있게 풀어서 이야기하기 시작했다.

"믿음이라는 것은 보이는 것을 믿는 것이 아니라 보이지 않는 것을 믿는 것으로 알고 있었는데 왜 무얼 자꾸 보여 주면서 믿게 하려 합니까?"

아하! 이분은 자꾸만 보여 주며 성경이 사실임을 말하는 것이 오히려 부담스러웠구나! 탐사여행의 내용이 아니라 그런 식으로 접근을 하는 창조과학 탐사여행의 시도가 자신의 생각으로는 싫었던 것이다.

"집사님, 제가 지난 삼 일 동안 성경을 증명한 적이 있었나요?"

질문을 받고 집사님은 곰곰이 생각하는 것 같았다. 그리고 내 질문이 무엇을 의미하는지 아직 잘 이해하지 못하시는 듯했다.

"집사님, 삼 일 동안 제가 한 것을 잘 생각해 보세요. 제가 증명한 적은 한번도 없습니다. 저는 증거만 보여 드렸습니다. 삼 일 동안 저는 생물을 각기 종류대로 한계를 지으시며 창조하신 창조를 말했고 그 성경의 기록이 오늘날의 생물학적 법칙과 잘 맞아 떨어진다는 것을 말했습니다. 즉 그 증거만 보여 드렸습니다. 그러나 그 종류대로 창조하신 분이 성경대로 생물을 창조하셨다고 믿는 것은 전적으로 집사님의 믿음에 달려 있습니다.

인간에 대한 것도 마찬가지입니다. 인간과 동물이 도저히 연결될 수 없는 관계라는 것과 원숭이류와 인간의 중간 단계 화석이 결코 발견되지 않았다는 사실만을 말씀드린 것입니다. 그리고 성경에서 인간은 하나님의 형상으로 창조되었다는 성경 말씀을 드린 것입니다. 이제 바로 하나님께서 사람이 동물을 다스리도록 자신의 형상으로 창조하셨다는 것을 믿는 것은 전적으로 집사님의 믿음에 달려 있습니다."

집사님은 조금씩 이해가 되는 표정을 지었다.

"오늘 중점적으로 직접 보면서 다루었던 노아 홍수에 대한 것도 마찬가지입니다. 오늘날 전 세계에서 보여 주는 지층, 화석, 석탄, 사층리, 역암* 등이 오늘날의 자연 과정으로는 만들어질 수 없으며 전 세계적인 격변이 아니고는 설명될 수 없다는 것을 과학적으로 보여 주었습니다. 그리고 성경에 기록된 노아 홍수를 함께 나누었습니다. 이제 집사님 차례입니다. 그 홍수가 노아 홍수였는지 그리고 이들의 증거를 보고 노아 홍수가 성경 그대로 일어났다는 것을 믿는 것은 집사님의 믿음에 달려있습니다. 제가 증명하였습니까? 아니면 증거를 보여 주었습니까?"

집사님의 얼굴에 슬쩍 떠오른 미소를 보았다. 눈빛이 변하고 있었다.

"집사님 믿으시죠? 집사님의 과학이 아닌 믿음으로 말이에요!"

"암! 믿고말고요."

나는 이분이 창조과학 탐사여행에 오기 전부터 이미 성경을 믿고 있었다는 것을 알 수 있었다. 그리고 탐사여행 동안에 창조과학 내용에 동의한다는 것도 알 수 있었다. 단지 이분은 창조과학이 이미 갖고 있는 믿음을 자신이 생각지 않던 다른 방법으로 밀어붙인다고 느낀 것이 불편했던 것이다. 이렇게까지 하면서 억지로 믿게 만드는 것이 못마땅하셨던 것이다. 그러나 이런 이야기를 나누고 나서 집사님은 불편함에

역암 역암의 구성은 주먹이나 머리만한 자갈에서부터 1미터 이상 되는 바위까지 다양하다. 이들 역암들의 퇴적 모습은 오늘날에 일어나는 퇴적과정으로는 설명하기 힘들다. 즉, 오늘날 흐르는 강물은 물론, 홍수라 할지라도 이 바위를 운반하기는 불가능하기 때문이다. 더욱이 그 수많은 바위들은 홍수만으로 생산되지도 않는다. 엄청난 물의 양과 바위와 흙을 생산할 만한 에너지 등을 따져 보았을 때, 역암은 오늘날과는 비교할 수 없는 대격변에 의해서 형성되었음을 알 수 있다.

서 자유를 찾은 표정이었다.

"집사님, 저는 집사님을 밀어붙이지 않아요. 믿는 것은 집사님 본인이 결정하면 됩니다."

삼 일 동안 수고하신 집사님을 안아 드렸다. 다음 날 아침부터 남은 이틀 동안 집사님의 표정은 지난 삼 일과는 전혀 달랐다. 시종 밝은 미소뿐 아니라 농담도 건넸다. 창조과학 탐사여행이 억지로 믿게 하는 것이 아니라 성경의 증거를 보여주는 데 의의를 둔다는 사실을 알고 기쁨을 얻으셨다. 마지막 날 비행장으로 가는 길에 저녁 식사를 할 때였다.

"내년 탐사여행도 이번과 같은 코스로 갑니까?"

"아마 그럴 것 같은데요."

"그러면 곤란한데요."

예상치 않은 대답에 같은 테이블에 있던 사람들이 다음 말을 기다렸다.

"내년에도 또 참석하려고 하는데 같은 코스면 안 되잖아요."

창조과학은 성경을 변증하는데 오늘날 다른 어떤 도구보다 훌륭한 성과를 거둔다는 것을 의심하지 않는다. 그만큼 객관적인 입장에서 접근할 수 있기 때문이다. 그러나 분명한 것은 창조과학을 통해 성경이 사실임을 보여줄 뿐이지 결국에 믿음으로 믿음에 이르게 된다(롬 1:17)는 성경의 원칙에는 벗어나지 않는 것이다.

탐사여행 참석자들의 공통점은 크게 두 가지다. 하나는 내 손에 하나님의 계시의 책인 성경이 와 있다는 감격이며 다른 하나는 성경을 믿도록 해 주신 하나님에 대한 감사다. 그리고 그것을 깨달았을 때 위의 집사님처럼 자유 속에서 믿음의 감격을 누리게 된다.

창조과학 Q&A **원숭이 재판이란?**

창조과학 사역을 하다 보면 매번 나오는 질문이 있습니다.

"학교에서 이렇게 말도 안 되는 진화론만 가르치게 된 이유가 무엇입니까?"

많은 요인이 있지만, 그중에 한 가지 역사적 사건을 소개하고자 합니다.

1925년 미국에서 일명 '원숭이 재판(Monkey Trial)'이라고 불리는 재판이 있었습니다. 피고인의 이름을 따서 '스코우프스 재판(Scopes Trial)'이라고도 하는 재판으로, 사건은 미국의 테네시 주의 대이턴이라고 하는 작은 시골 도시에서 발생했습니다. 한 공립학교 교사인 스코우프스가 수업 중에 진화론을 가르쳤다는 이유로, 기독교인이 그를 고소하게 됩니다. 당시에 주 교육법상에 공립학교에서 진화론을 가르치는 것이 금지되었던 때였기에 이러한 고소가 가능했지요.

교통이 어려운 그때 이백여 명의 세계 각국 기자가 취재를 위하여 작은 도시로 몰려들었고, 미국 공판사상 처음으로 라디오 전국 중계가 되기도 했습니다. 막상 재판이 시작되자 피고측은 스코우프스 교사의 주 교육법 위반 사실보다는 진화론의 정당성을 주장하는 데 더욱 열을 올렸습니다. 재판은 점점 복잡한 진화론에 관한 질문들로 이어지고 말았지요. 그러나 고소자 측 변호사인 브라이언은 이러한 난해한 질문에 대하여 성경적인 지식을 가지고 능숙하게 응수하였고, 물론 그는 과학자가 아니기 때문에 과학적인 질문에 대하여서는 모르는 내용이라고 솔직히 시인하였습니다. 재판 결과는 피고의 유죄 판결과 백 달러의 벌금형이 내려졌습니다.

당시 언론의 보도 방향은 사람들의 판단에 결정적인 영향을 끼쳤습니다. 대부분의 기자는 처음부터 이미 고소자 측을 공격하려는 생각을 갖고 취재를 시작했습니다. 한 기자에게 왜 재판을 취재하러 왔는가 하는 질문을 하자, "저는 무슨 일인지 알 필요가 없습니다. 저는 무엇을 써야 하는지 이미 알고 있습니다."라고 대답할 정도였으니까요. 영화 관계자들도 가끔씩 흥밋거리로 이 재판을 영화화하였는데, 편견을 가진 영화들은 성경을 고수하려는 기독교인들이 과학적이고 논리적인 진화론을 무모하게 공격하는 식으로 묘사하였습니다.

〈신의 법정(Inherit the wind)〉 원숭이 재판을 소재로 한 영화

이러한 편견에 의해서 이 사건은 오히려 진화론이 전 미국과 세계로 확산되는 동기가 되었습니다. 재판 과정에서 진화론의 증거들은 오늘날 케케묵은 허구로 밝혀졌음에도 당시 사람들에게는 진화의 논리적 이해를 가능케 하는 중요한 역할을 하였습니다.

실제로 성경과 진화론의 대결이 되어 버린 이 재판을 보면 마치 빌라도 앞에서 예수와 바라바 사이에서 바라바를 놓아 달라고 하던 모습을 연상시킵니다. 무리가 일제히 소리 질러 가로되 이 사람(예수)을 없이 하고 바라바를 우리에게 놓아 주소서(눅 23:25).

재판 결과 미국 학교에서 성경을 없앴고 진화론이 들어오게 되었습니다.

탐사여행에 이어서

창조과학 탐사여행 외에도 여러 프로그램이 잇달아 생겨났다.
하나님은 창조과학을 통해 스스로를 증거하신다.

네 번째 창조과학 탐사여행을 마치고 얼마 되지 않았을 때 뜻밖의 제안을 받게 되었다.

"창조과학 사역을 위해 철야 기도를 한 번 하는 것이 어떻겠습니까?"

2000년 10월 LA에서, 미주에서 사역하는 창조과학 사역자들이 모두 모인 창조과학 컨퍼런스가 있었다. 세미나를 들으러 오신 분 중에는 이전 탐사여행을 다녀오셨던 분들도 있었는데 자연스럽게 함께 모이는 기회가 되었다. 이분들이 모였을 때 탐사여행을 통해서 자신들이 성경이 사실임을 확신하게 되었다는 간증들이 나왔고 한 번 더 모이는 것이 어떻겠느냐는 의견이 나왔다. 다시 모이자는 얘기가 오갈 때만 해도 이분들이 그렇게 열심이라는 것을 몰랐다.

한 달 후에 열두 명 정도가 모였다. 모임에서 한 분이 철야 기도 제안을 해 왔던 것이다. 이 말을 듣고 모두 바쁘기도 하지만 각자 교회에서도 열심이신 분들인데, 그것도 하룻밤을 새면서 기도하자는 제안은 다소 무리라고 생각했다. 그렇다고 내가 먼저 의견을 내기도 어려웠다. 그러나 반응은 내 예상과 달랐다.

"네, 맞습니다. 그래야겠어요."

모두가 흔쾌히 동의하는 것이 아닌가! 그저 모임이 진행되는 것이 신기했다.

"이재만 형제님은 어떻게 생각하세요?"

"저는 그냥 따르겠습니다. 고마울 따름이지요."

모인 분들은 철야 기도 날짜를 잡기 시작했다.

"날짜를 보니 1월 2일이 좋겠습니다."

도대체 이해할 수 없었다. 그것도 새해 벽두에 창조과학 사역을 위한 기도회라니…. 어쨌든 나는 그저 따르기로 했다. 모든 준비는 모인 분들이 알아서 하고 있었다.

새해를 넘기고 둘째 날 놀랍게도 거의 모든 분들이 참석했다. 그리고 밤새 찬양하고 기도하면서 탐사여행보다 더 발전적인 프로그램을 계획했다. 그래서 나온 것이 바로 '창조과학 학교'였다. 매주 월요일 저녁 2시간 30분씩 10주 과정으로 체계적이고 심도 있는 프로그램이 탄생한 것이다.

그 후 매주 모였다. 기도하고 점검하고 홍보하고 각자 자신이 많은 부분을 성실하게 준비했다. 영어 이름을 무엇으로 할까 고민하다가 이번에도 연구소 커밍 학장의 아이디어를 빌렸다. 그래서 영어 이름 'CSTS (Creation Science Training School)'가 나왔다. 장소 구하기가 쉽지 않았는데 컴미션의 이재환 선교사님께서 컴미션 1층을 사용하도록 허락해 주셨다. 컴미션은 LA한인타운과 도심지의 중간에 위치하고 집회장소나 주차장 등으로 최고의 공간이었다. 나중에 창조과학연구소에서 LA로 사무실을 이전할 때도 그때 인연이 되어 컴미션으로 옮기게 되었다. 멀리 계신 최인식 회장님과 시카고의 이동용 지부장님도 강사로 도움을 주시겠다고 하셨다.

그해 3월, 1기가 시작했는데, 처음 봉사한 간사들은 모두 1기 학생이 되야 한다며 모두 등록하였다. 그리고 그때 간사들의 헌신으로 창조과학 학교가 시작되었고, 그렇게 시작한 창조과학 학교는 매년 봄, 가을 두 차례씩 이어졌다. 최근 들어 각 교회에서도 교회 프로그램으로 관심을 가져 교회를 순회하기도 하며, LA뿐 아니라 타 주까지 확대되었다.

창조과학 탐사여행은 여기에서 끝나지 않았다. 창조과학 사역 전체를 활성화 시킬 뿐 아니라 여러 다양한 프로그램을 잉태시키는 역할을 하였다. 창조과학 학교뿐 아니라 진화론에 대하여 자녀보다 먼저 알아야 할 학부모와 교사들을 위한 캠프인 '공룡캠프'도 탄생시켰고, 청년만을 위해 그랜드캐년에서 이루어졌던 Creation Revival at Grand Canyon도 탐사여행의 응용 프로그램으로 개최되었다.

이러한 창조과학 사역 이야기는 참석하신 분의 입에서 입으로 전해졌다. 하나님의 성경대로 행하신 사실이 널리 알려지면서 창조과학의 효과와 중요성 전달에도 큰 기여를 했다.

창조특강 Q&A 공룡에게 무슨 일이?

dinosaur = dino + saur
공룡　　무서운　도마뱀

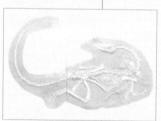

공룡이라는 이름은 무서운 도마뱀을 의미합니다. 이 동물이 얼마나 무시무시하며 몸집이 큰지를 알게 된다면, '무시무시한 도마뱀'이란 말을 쉽게 이해할 수 있습니다. 공룡의 모양과 크기는 다양하여 어떤 공룡은 굉장히 독특하게 생겼습니다. 그런데 분명한 것은 이러한 다양한 공룡이 모두 완벽한 모양을 갖추고 있다는 것입니다.

공룡이 발견되고 연구될 때마다 수많은 질문이 대두되지만, 가장 궁금한 것은 그렇게 번창했던 공룡이 '왜 지금은 살고 있지 않은가?' 하는 것입니다. 가장 최근에 나온 이론 가운데 하나는 지구 밖에서 온 대운석에 의한 멸종설입니다. 그 이유는 공룡 화석을 포함하고 있는 암석은 운석에서 많이 발견되는 이리듐(Iridium)이란 원소를 다량 함유하기 때문입니다. 그러나 이러한 가설은 지구상의 공룡 전체가 멸종되었다는 생각에 만족한 답을 주지 못합니다. 오히려 이 원소가 화산에 의해 지구 내부에서 올라온 용암에 많이 포함되어 있다는 점 때문에 화산과 관련되어 있다는 가설이 타당합니다.

지금까지 나온 공룡 멸종에 대한 학설을 정리해 보면

몇 가지 공통되는 것이 있는데, 극심한 환경 변화, 화산 폭발을 수반한 격변, 빙하기와 같은 극심한 추위 등으로 정리할 수 있겠습니다.

용암맥 화산이 분출하는 과정에서 마그마가 기존 암석을 뚫으면서 굳어진 암석.

여러 번 언급되었지만, 화석이나 퇴적 지층은 노아 홍수와 같은 대규모 격변을 고려하지 않고는 설명할 수 없습니다. 그런데 대부분의 퇴적암은 화산 활동의 결과인 용암맥*의 흔적을 보입니다. 즉, 노아 홍수 동안 특히 노아 홍수 말기에 물이 물러가는 과정 가운데 화산 활동도 중요한 역할을 했음을 알 수 있지요.

일반적으로 화산이 폭발하면, 화산 구름으로 인해 태양에서 오는 복사 에너지가 차단되어 땅 위에는 급격히 온도가 낮아집니다. 노아 홍수 후, 모든 깊음의 샘들이 터지며 화산 구름에 의해 지구 표면의 대부분에 태양 에너지가 차단되었으며, 이 화산 구름이 제거될 때까지 한동안 극심한 추위를 경험했을 것은 틀림없는 사실이지요. 방주에서 나온 몇몇 공룡은 거대한 파충류로서 이러한 추위를 견디기 힘들었으며 먹이를 구하는 데 어려움을 겪었음에 틀림없습니다. 즉, 성경적으로 공룡의 멸종 원인은 이러합니다.

1) 노아 홍수 동안에 거의 대부분이 사망했다.
2) 노아 홍수 후에 한동안 추위 때문에 생존이 어려웠으며, 먹이의 부재도 이에 한 몫을 했을 것이다.
3) 그밖에 홍수 이전과 이후의 지구 환경 변화가 공룡과 같이 거대한 생물이 살기에 적합하지 않았다.

열거한 것과 같이 노아 홍수는 앞에서 과학사들이 공통적으로 제안한 공룡의 멸종 원인과 잘 맞아 떨어집니다. 전 세계적인 대격변이 공룡의 멸종에 분명한 해답을 주고 있는 것이지요.

4
믿는 자는 태양 없이도 살 수 있다

보이지 않는 별들은 왜 창조하셨어요?

우리는 보이는 것 중 하나가 아니다.
엄청난 우주를 창조하신 하나님의 형상이다.

창조과학 사역을 하다 보면 끊임없는 질문을 대하게 된다. 세미나 프로그램 중에 질문을 받는 것은 물론이고 창조과학 사역자라는 이유로 때와 장소를 가리지 않고 질문 세례를 받기도 한다.

어떤 질문은 과학으로 대답해야 하는 것이 있고 어떤 때는 성경으로만 답변하는 것이 이해가 쉬울 때도 있다. 어떤 때는 조리 있는 답변이 필요하고, 어떤 때는 질문하는 동기를 이해하는 것이 효과적일 때도 있다. 질문자가 스스로 대답할 수 있도록 유도하는 것이 나을 때도 있고, 유머로 넘겨 버리는 것이 오히려 답변이 될 때도 있다.

그런데 가끔 한 번도 생각하지 못했던 질문을 만날 경우가 있다. 그런 질문은 그 장소에서 벗어났다 할지라도 만족스런 답변을 얻을 때까지 머릿속에서 뱅뱅 돈다. 이것은 나뿐 아니라 많은 기독교인의 비슷한 생각일 수도 있고 창조과학 사역을 하는 사람들에게는 더욱 더 그럴 것이다. 왜냐하면 그 답을 얻는 것이 다음에 답변을 줄 수 있다는 준비가 될 뿐만 아니라 하나님께로부터 답변을 구하는 과정이 되기 때문이다. 또한 이러한 어려운 질문을 만나 고심하고 하나님의 뜻을 궁금해 하다가 답을 얻어 낼 때 말로 표현 못할 감격이 있다.

2003년 겨울, 물리학을 전공하는 한 분의 가족과 저녁식사를 하게 되었다. LA침례교회 청년부에서 12월 한 달 동안 매주 금요일 저녁 집회에 연속으로 세미나를 인도한 적이 있는데, 그 교회 청년부원은 아니었지만 세미나를 듣고자 참석했던 분이었다. 식사를 하는 동안 물리학을 전공하셨다는 분이 물어왔다.

"하나님께서는 망원경을 통해서 볼 수도 없는 별들을 왜 창조하셨을까요? 아무리 천문학이 발달해도 보지 못할 별들이 남아 있을 텐데, 사람이 그것들을 볼 수 없도록 만드셨다면 이것은 하나님께서 피조물을 낭비하신 것 아닌가요?"

이분은 창조과학의 중요성을 아시며 성경의 모든 부분이 사실인 것도 믿는 분이었다. 그래서 그분의 질문 자체에 신뢰가 갔다. 하지만 갑작스런 질문이기도 했고 나도 한 번도 생각해 본 적이 없기에 그 자리에서 적절한 답변이 나오질 않았다. 답변을 하기는 한 것 같은데 말을 해 놓고 만족할 만한 대답은 아니라는 생각이 들었다. 그분도 썩 만족스럽지는 않은 표정 같았다.

헤어지고 나서 돌아오는 길에 계속해서 아까 그 질문에 대한 부담이 사라지지 않았다.

'왜 하나님께서는 보지도 못할 별들을 창조하셨을까? 사람이 관찰을 할 수도 없는 별을 말이야.'

생각할수록 궁금증은 늘어났다.

'하늘이 하나님의 영광을 선포하고 궁창이 그 손으로 하신 일을 나타낸다는 말을 우리에게 하셨다면 말이야.'

혼자 중얼거리고 있는데 순간 갑자기 스쳐가는 생각이 있었다.

'그래 맞아! 바로 이거야!'

천문학자들은 우주가 넓다는 것을 계속 발표해 왔다. 그들은 더 멀리 있는 곳, 더 큰 우주를 발견할 때마다 그 광대함에 경이로움을 표현한다. 이런 발표를 들으면 많은 사람들은 지구가 얼마나 보잘것없이 작으며 거기에 살고 있는 인간이 정말 미미한 존재라는 생각을 갖곤 한다.

그런데 이러한 발표를 들을 때마다 창조를 믿는 사람은 진화를 믿는 사람과 분명히 다른 시각을 가지고 있어야 한다. 창조론자와 달리 진화론자들은 인간, 동물, 우주에 대하여 보이는 것만을 가지고 판단을 하기 때문이다. 진화론의 바탕은 인간, 생물, 생명, 우주, 언어 등의 모든 기원을 보이지 않는 분을 배제하고 보이는 것만을 가지고 연구하려는 자세에서

우주의 크기 150억 광년의 크기가 발표되었지만, 현대 과학 기술로 측정할 수 없다.

시작한다. 사람의 눈과 머리만을 믿는 것이다. 그러므로 진화론적 자연주의는 인간을 우주의 한 부속품으로 전락시킬 수 밖에 없다. 너무 엄청난 우주 속에 있는 내 자신을 보니 부속품이라도 아주 미세한 먼지만도 못한 존재로 여길 수 밖에 없는 것이다. 그러니까 우주가 크다고 여기면 여길수록 자신과 이웃의 가치는 점점 무가치해지는 것이다.

그러나 성경을 믿는 사람은 다르다.

믿음으로 모든 세계가 하나님의 말씀으로 지어진 줄을 우리가 아나니 보이는 것은 나타난 것으로 말미암아 된 것이 아니니라(히 11:3)

믿음장이라고 부르는 히브리서 11장의 믿음을 갖고 있기 때문이다. "믿음으로" 하면서 가장 먼저 나오는 내용이 모든 세계가 하나님의 말씀으로 지어진 줄을 우리가 아는 것이라고 했다.

하지만 이어서 나오는 내용이 중요한 의미를 지니고 있다. 성경은 분명히 '보이는 것(what is seen)'은 '나타난 것(what was visible)'에서 온 것이 아니라고 했다. 그러니까 우리가 지금 보고 있는 것은 보이는(visible) 것에서 온 것이 아니라는 것이다. 즉, 보이지 않는(invisible) 것에서 온 것이다. 여기서 바로 진화론자와 성경을 믿는 사람의 차이가 드러난다.

우리는 보이는 것(what is seen)을 보면서 그 안에 들어 있는 보이지 않는 하나님을 알아야 한다. 바로 보이지 않는 하나님을 생각할 수 없을 때 진화론이 나온 것이다. "보이는 것만 가지고 생물의 기원을 생각해 보자.", "보이는 것만 가지고 인간의 기원을 생각해 보자.", "보이는 것만 가지고 우주의 기원을 생각해 보자."라는 진화론자들의 시작부터가 불완전한 것이다.

그러니까 그 엄청나게 광활한 우주를 보고 우리는 먼저 그것을 지으신 영원하신 능력을 가지신 하나님을 보아야 한다. 보이지 않지만 그 보이는 것 가운데 말씀하시는 그 영원한 분 말이다. 아무리 도달해도 아직도 도달해야 할 것이 남아 있는 그분의 피조물을 통해서 말이다.

이것이 바로 우리가 도달할 수 없고 이해할 수 없는, 하나님의 영원한 능력이다. 이 능력이야말로 우리에게 말씀하시고 싶은 첫 번째 이유일 것이다.

십자가에 못 박힌 예수
지오토, 1305.

그러나 한걸음 더 나아가 기독교인들은 그보다 더 큰 이유를 볼 수 있어야 한다. 바로 우리 자신과 예수 그리스도께서 우리를 위해 돌아가신 이유를 볼 수 있어야 한다. 보이는 것만 가지고 모두인 줄 아는 그들과는 달라야 한다. 우리는 보이지 않는 분께서 주신 계시의 책을 갖고 있기 때문이다.

우주가 지금까지 생각했던 것보다 훨씬 크다는 발표가 나올 때마다 진화론자들은 자신이 점점 작아진다고 생각한다. 하지만 우리는 이들과 달리 우리 자신을 더욱 귀하게 여겨야 한다. 왜냐하면 우리는 보이는 것 중에 하나가 아니기 때문이다. 보이는 것 중의 하나가 아닌 보이지 않는 하나님의 형상이기 때문이다. 보이지 않는 분을 닮은 것이다.

그러니까 우리는 보이는 우주에서 자신을 찾는 것이 아니라 우주를 넘어선 하나님에게서 닮은꼴을 찾아야 한다. 그렇게 할 때, 우주가 크다는 사실을 접할 때마다 그 큰 우주를 지으신 하나님이 위대하게 느껴지는 것이다. 그리고 우리가 그분의 형상이니만큼 우리 자신과 함께 이웃도 귀하게 생각해야 한다.

도대체 하나님이 나를 위해 어떻게 돌아가실 수 있을까? 어떻게 우주의 티끌만도 되지 않는 우리를 위해 돌아가실 수 있나? 그 이유를 바로 여기서도 찾을 수 있는 것이다. 우리는 죄 가운데 있을지언정 완전한 그분의 형상으로 창조되었기 때문이다. 보이는 것 중에 하나가 아니기 때문이다. 엄청난 우주를 창조하신 그분을 닮은 그분의 형상이기 때문이다. 하나님은 우주를 보면서도 그를 관찰하고 있는 믿는 자들에게 이 메시지를 전하고 싶으셨다.

'너는 네가 자신을 생각했던 것보다 훨씬 귀한 존재인 걸 이제 알았지? 앞으로 네가 과학이 발달하고 발달할수록 네가 이제까지 생각했던 것보다 네 자신이 훨씬 귀한 존재인 걸 알게 될 것이다. 내가 너를 위해 죽은 이유도 더욱 더 확실히 알게 될 것이다. 끝없는 공간의 별들은 네가 얼마나 귀한 존재인지 공간에 새겨 놓은 나의 말씀이다.'

'봐라 내가 모든 것들을 보이지 않는 나의 말씀으로 창조하지 않았냐? 그러니까 보이는 것이 너에게 나의 지식을 전하는 것 아니냐?'

날은 날에게 말하고 밤은 밤에게 **지식을 전하나**(시 19:2)

할렐루야! 운전을 하면서 떠오른 하나님의 답변이 가슴속 깊이 감동으로 다가왔다.

"맞다 맞아! 나는 그렇게 귀한 존재야! 하나님은 별들 속에도 우리의 귀중함을 새겨놓은 거야!"

며칠 후 별에 관해 질문하셨던 분에게서 집에서 초대를 받아 저녁을 같이 하게 되었다. 그리고 그간 나름대로 생각하며 찾아낸 답을 말씀드렸다.

"지난번 왜 하나님께서 보이지도 않는 별들을 창조하셨는지 궁금하다고 하셨죠? 하나님께서 바로 이 이야기를 해 주시고 싶었던 거예요. 우리가 얼마나 귀한 존재인가 말이에요. 세월이 지나고 과학이 발달하면 할수록 우리가 얼마나 귀한 존재인지 더욱 새롭게 발견하도록 하신 거죠. 보이지도 않는 별들은 하나님께서는 낭비하신 것이 아니라 가장 귀한 말씀을 거기에 새겨 놓으신 것입니다."

그리고 덧붙였다.

"그래서 예수님께서 이 땅에 오신 거잖아요. 우리는 우주를 초월한 그분의 형상이니까요."

이번에는 그분 역시 만족한 듯한 표정이었다.

참 놀라운 것은 보이지 않는 하나님이 우리 마음에 없으면 거추장스러운 하나님이 없어지니 우리의 위치가 더 자유로워질 것 같지만, 곰곰이 생각하면 할수록 어쩔 수 없이 보이는 것에서 자신을 찾으려 할 수 밖에 없게 된다. 그리고 결과적으로 위치가 올라가기는커녕 자신이 다스려야 할 존재인 동물에서 자신의 정체성을 찾으려 하게 되고, 고작 동물 중 최고인 존재로 전락하고 마는 것이다.

창조과학은 보이는 것을 도구로 이용해서 보이지 않는 하나님을 소개하려고 하는 것이다. 보이는 것도 끝이 없이 창조하신 영원하신 하나님을 말이다.

창조특강 Q&A **우주의 시간 장치?**

> 주야를 주관하게 하시며 빛과 어두움을 나뉘게 하시니라
> 하나님의 보시기에 좋았더라 (창 1:18)

많은 새와 곤충은 일 년에 수천 킬로미터를 이주합니다. 예를 들어 제왕나비는 4800km를 왕복 비행하며, 북극제비갈매기는 매년 남극과 북극을 오갑니다. 생물학자들은 새와 곤충이 이주하는 데 별의 패턴이 그들의 이동 방향을 안내한다는 사실을 발견했습니다. 즉, 이들은 자신의 길을 찾기 위하여 태양이나 가장 가까운 별을 이용한다는 것입니다. 하나님께서는 다섯째 날과 여섯째 날 동물을 창조하기 전인 넷째 날에 별을 만드셨습니다. 이는 하나님께서 먼저 별을 만드시고, 다음 날 창조하실 동물이 음식을 찾을 수 있도록 준비하신 뜻이 담겨있는 것이 아닐까요? 해, 달, 별뿐 아니라, 사람도 항해하는 데 별의 패턴을 이용합니다. 특별한 훈련을 받지 않더라도, 태양이나 북극성의 위치를 보며 자신이 여행하고 있는 방향을 짐작하잖아요. 현재 알려진 항해 시스템 중에 산업 항공과 행성 간 우주여행에 사용되는 유도 안내 장치가 가장 복잡한 것으로 꼽힙니다. 이 시스템은 비행선의 진행을 태양과 별 사이의 위치를 이용하여 신호로 보냅니다. 태양계를 항해하는 보이저2호는 북극성을 좌표로 하여 자신의 코스를 이탈하지 않도록 합니다. 달은 언제나 시간을 말해 줍니다. 소위 음력이라고 하는 것인데, 매일 달의 모양과 위치가 변하는 것을 기준으로 시간을 알 수 있도록 사용되었습니다. 실제로 한 달, 두 달 하는 'month' 도 바로 '달, moon' 에서 유래했지요. 오늘날에는 거의 모든 나라가 '태양력, solar

제왕나비

북극제비갈매기

calender'을 사용하지만 성경의 히브리 달력도 음력을 사용하고 있습니다. 지구가 태양 주위를 한 바퀴 도는 것을 1년이라 정한 것입니다. 현대의 고도로 산업화된 시대도 시간을 정하기 위해 천체를 이용하고 있는 것은 마찬가지입니다. 모든 시계는 영국 그리니치(Greenwich) 천문대 시간을 표준으로 맞추고 있습니다. 이를 그리니치 표준시(GMT, Greenwich Mean Time) 또는 만국표준시(Universal Time)라고 부르죠. 그리니치 천문대에서는 매일 천문학자들이 태양의 위치를 기록하고 있으며, 이는 약 200년 동안 진행되었습니다.

과학이 발달한 오늘날에도 정확한 시간을 정하는 것은 똑같이 창세기 1장의 14~18절을 의지하고 있습니다. 별은 우리에게 정확한 위치와 시간을 알려 줍니다. 그렇지만 위에 언급한 과학적 관찰이 별을 만든 목적을 말하는 것은 아닙니다. 우리는 단지 별을 통해 그러한 사실을 발견하고 이용하고 있을 뿐입니다. 왜 별을 만드셨는지는 만드신 분만이 분명히 말할 수 있으며, 우리는 그 목적대로 이용하고 있는 것입니다. 하나님께서 욥에게 하셨던 질문을 우리에게 던진다면 어떻게 대답할 수 있을까요? 네가 묘성을 메어 떨기 되게 하겠느냐? 삼성(오리온자리의 삼태성)의 띠를 풀겠느냐? 네가 열 두 궁성을 때를 따라 이끌어 내겠느냐? 북두성과 그 속한 별들을 인도하겠느냐? 네가 하늘의 법도를 아느냐? 하늘로 그 권능을 땅에 베풀게 하겠느냐?(욥 38:31~33) 우리는 하나님께서 만드신 하늘의 별을 보고 감탄할 따름입니다.

태양 없이 살 수 있을까요?

사람은 태양 때문에 사는 것이 아니다.
세계를 지으신 하나님의 섭리로 살아가는 것이다.

창조과학 세미나를 마치고 앞에 있는 사람들께 자주 던지는 질문이 있다.

"태양 없이 살 수 있을까요?"

"없어요!"

여지없이 과학적 대답이 나온다.

"지금 드린 질문은 과학이 아닌 신앙에 대한 질문입니다. 태양이 없으면 살 수 있을까요?"

신앙이라는 점에 힘을 주어 다시 질문해도 대답은 똑같다.

"이 질문은 신앙에 대한 질문이라니까요. 태양이 없으면 살 수 있을까요?"

다시 질문을 하고서야 몇몇 분들이 대답한다.

"있어요!"

태양이 없으면 살 수 있을까? 하나님을 믿는 사람의 답은 "Yes"이다. 과학적으로는 "No"라고 할 수 있을지 모르나 신앙적으로는 "Yes"다. 왜냐하면 우리는 태양 때문에 사는 것이 아니기 때문이다. 태양 때문에 사는 것이 아니라 태양을 창조하신 하나님 때문에 산다. 보이는 것 때문이 아니라 보이는 것을 조절하고 계시는 보이지 않는 분 때문에 살고 있는 것이다.

이집트의 왕은 태양신 라의 아들 파라오라 추앙받았다.

지구상에 하나님을 잊은 나라치고 태양을 섬기지 않았던 나라는 없다. 왜냐하면 하나님을 잊으면 보이는 것에서 의지할 곳을 찾게 되고, 결국에 보이는 것 가운데 가장 귀하다고 여기는 것을 섬길 수밖에 없기 때문이다. 이러한 현상은 단지 이방인들만을 향한 말이 아니었다. 이스라엘 사람들에게도 똑같이 적용된다. 이스라엘 사람들 역시 하나님을 잊어버리고는 일월성신을 섬겼다고 했다. ♣놀랍지 않은가? 하나님께서 그렇게 많은 이적을 보여 주셨시만 창조주를 잊어버리고 일월성신을 섬기다니. 이것이 바로 이스라엘을 포함한 우리 모두의 모습이다. 보이지 않는 분이 마음에 없으면 보이는 쪽으로 기울 수밖에 없는 한계 때문이다.

♣ 무릇 지붕에서 하늘의 일월성신에게 경배하는 자와 경배하며 여호와께 맹세하며 말감을 가리켜 맹세하는 자와 여호와를 배반하고 좇지 아니한 자와 여호와를 찾지도 아니하며 구하지도 아니한 자를 멸절하리라(스 1:5-6)

시편 121편 기자의 고백은 보이는 것을 보며 거기 의지하지 않는 신앙의 본보기다. **낮의 해가 너를 상치 아니하며 밤의 달도 너를 해치 아니하리로다**(시 121:6) 해와 달 때문에 사는 것도 아니고 거기에서 도움이 오는 것도 아니고 바로 천지 지으신 여호와 때문에 사는 것이다. 이것이 보이지 않는 분이 마음에 자리 잡은 자의 확실한 고백이다.

계시록에 나오는 말씀이다. 그 성(새 예루살렘)은 **해나 달의 비침이 쓸데없으니 이는 하나님의 영광이 비치고 어린 양이 그의 등이 되심이라**(계 21:23) 이 구절 읽으면서 '해와 달이 없이 사람이 살 수 있다고 하니 역시 성경은 말도 안 되는 얘기를 한다.'고 생각하는 사람은 이 세상이 누구에 의해 창조되었으며 누가 조절하고 계신지를 모르는 사람이다. 보이는 것이 모두라고 생각하는 사람이다. 해와 달이 없이 어떻게 사람이 살까? 성경은 살 수 있다고 말하지 않는가? 하나님의 영광이 직접 비치기 때문에 산다. 우리는 보이는 것 때문에 사는 것이 아니다. 보이지 않는 그분의 영원하신 능력♣에서 시작되었고 그분에 의해서 유지되고 있기 때문이다.

진화론은 여기에 문제가 있다. 보이는 것만 가지고 만물의 기원에 관하여 생각하자는 발상에서 시작한 것이다. 그런 면에서 진화론은 하나의 우상이다. 마치 예전에 하나님을 잊어버리고 태양을 섬겼던 나라들과 다를 바가 없다. 깊숙이 따지고 들어가면 과학이라는 이름을 걸어 놓았을 뿐이지 보이는 것만 의지한다는 면에서 똑같다. 그들은 태양이 완벽한 자리에 있기 때문에 살 수 있다고 한다. 그러나 우리는 완벽한 거

♣ 창세로부터 그의 보이지 아니하는 것들 곧 그의 영원하신 능력과 신성이 그 만드신 만물에 분명히 보여 알게 되나니 그러므로 저희가 핑계치 못할찌니라 (롬 1:20)

리에 놓으신 하나님 때문에 살 수 있다고 말해야 한다. 그들은 지구가 완벽한 속도로 태양 주위를 돌기 때문에 살 수 있다고 말한다. 그러나 우리는 그렇게 속도를 정하신 하나님 때문에 산다고 말해야 한다. 그들은 과학이 우상이다. 그 속에 배어 있는 보이지 않는 분을 언급하기를 꺼려 한다.

성경을 아무리 뒤져 보아도 보이는 것을 '자연(nature)'이라 말하는 부분은 찾을 수 없다. 보이는 것은 엄밀히 말해서 '피조물(creature)'이다. 왜냐하면 이들은 자연적으로(naturally) 생긴 것이 아니기 때문이다. 이들은 모두가 하나님의 창조(creation) 산물이다. 진화론은 시작부터 그릇된 방향으로 가닥을 잡으려는 것이 문제이다. 피조물을 자연이라고 부르면서 방향을 엉뚱하게 잡은 것이다. 보이는 것들은 자연적으로 되었고 저절로 되었고 그러므로 '우연'이 필요하고 '시간'이 필요하게 된 것이다. 빅뱅이 지금의 별을 만들고, 무생물이 생물이 되고, 단순한 것이 복잡한 것으로 되고, 그리고 나중에 자연의 최종 산물이 인격체를 만들었다는 생각까지 온 것이다. 그러므로 피조물을 자연이라고 부를 때부터 우리는 자연이 없으면 못 사는 줄 알게 된 것이다. 피조물을 자연이라고 부르면 창조주 하나님은 사라지게 된다. 그리고 눈에 보이는 자연만 남는다. 더 나아가 자연 없으면 죽는 줄 알고 숭배하게 되고 그것과 조화를 이루려고 노력한다. 이것이 바로 자연과 교감하려는 뉴에이지 신봉자들이 보여 주는 태도이다. 성경에 피조물과 조화를 이루라는 명령은 찾을 수 없다. 피조물은 하나님 말씀에 의거해 다스려야 할 대상이고,

오히려 우리는 하나님과 조화를 이루어야 한다고 말한다. 그러므로 피조물을 자연이라고 부를 때 진화론이 들어오고, 피조물을 피조물이라 부를 때 진화론에서 벗어날 수 있다. 그러므로 성경을 믿는 사람은 용어부터 잘 알고 사용해야 한다.

그런데 '자연', '스스로 생긴 것'. 어디서 들어 본 소리 아닌가? 모세가 사람들에게 '하나님을 어떻게 소개할까요?' 라고 여쭈었을 때 하나님께서 자신을 "나는 스스로 있는 자(I am Who I am)"라고 소개하셨다. 그리고 그 스스로 있는 자가 너를 보냈다 하라고 하셨다. 누가 '스스로 있는 자'인가? 보이는 것들인가? 아니면 하나님인가? 그러므로 그 뿌리를 보면 진화론은 자연을 스스로 있는 자라고 여기는 우상 숭배인 것이다.

창조과학자가 모든 것을 아는 줄 착각하였는지 아니면 종말론에 관하여도 다루는 사람으로 생각해서인지 가끔 이런 질문도 받는다.

"과학자들이 지금 상태로 가면 몇 년 안에 지구의 종말이 올 것이라고 하던데요. 그 말이 맞습니까?"

그 질문을 받으면 나는 여지없이 앞에서와 똑같은 질문을 던진다.

"태양 없으면 살까요, 죽을까요?"

그 말을 하는 과학자들은 보이는 것들을 가지고 지금 속도대로 환경이 악화되면 얼마 안에 생명이 살 수 없는 환경으로 바뀔 것이라고 계산하는 것이다. 이런 식으로 지구 미래의 종말을 계산하는 과학자가 있다면 이 사람도 분명 하나님이 마음에 없는 사람임에 틀림없다. 물론 죄가 이 땅에 들어온 이래로 우리의 환경이 점점 나빠지고 있다. 그러나 지구의 종말은 그렇게 오지 않는다. 보이는 피조물을 계산한다고 종말의 시기를 예상할 수 있는 것이 아니라 전적으로 보이지 않는 하나님에 의해서 온다. 기독교인은 언제나 하늘나라의 소망을 두고 근신하고 깨어 있어서 하나님께서 바라는 바를 행하면 되는 것이다. 언제 종말이 올 것인지 계산할 필요도 없다. 오히려 기독교인들은 복음이 어디까지 전파되었는지 선교사님들의 발자취를 보면서 이 세상 끝을 짐작하는 것이 바르다.

이 천국 복음이 모든 민족에게 증거되기 위하여 온 세상에 전파되리니 그제야 끝이 오리라(마 24:14)

하나님께서 이스라엘 사람들에게 '일월성신'을 섬기지 말라고 하셨다. 그리고 그러한 자들은 돌로 쳐 죽이라고 했다.♣ 이것들은 하나님을 대신할 수 없다고 하셨다. 우리를 보호하시고 도우시는 것은 하나님만이 하실 수 있는 고유의 영역이다. 보이는 것은 오히려 우리가 다스려야 할 대상이요, 하나님을 찬미하기 위한 수단이며, 썩어질 것들이다. 이는 **썩어지지 않는 하나님의 영광을 썩어질 사람과 금수와 버러지 형상의 우상으로 바꾸는**(롬 1:23) 행위다. 오늘날 진화론적 사고로 가득 찬 우리의 모습과 비교된다. "태양 없으면 살까요?"라는 믿음의 질문에 일제히 "아니오!"라고 대답하는 소리를 들으시며 하나님의 마음이 어떠셨을까? 우리의 마음에 보이지 않는 그분이 확고하게 자리 잡고 있어야 한다.

♣ 가서 다른 신들을 섬겨 그것에게 절하며 내가 명하지 아니한 일월성신에게 절한다 하자. 혹이 그 일을 네게 고하므로 네가 듣거든 자세히 사실하여 볼찌니 만일 그 일과 말이 확실하여 이스라엘 중에 이런 가증한 일을 행함이 있으면 너는 그 악을 행한 남자나 여자를 네 성문으로 끌어내고 돌로 그 남자나 여자를 쳐 죽이되(신 17:3-5)

창조특강 Q&A 빛이란 무엇일까?

> 하나님이 가라사대 빛이 있으라 하시매 빛이 있었고
> (창 1:3)

1Å 옹스트롬 =10⁻⁸cm

빛이란, 일반적으로 물리학에서는 파동 성질과 입자 성질을 가진 것으로 표현합니다. 그 가운데 파동성에 주목하여 볼 때, 사람의 눈으로 볼 수 있는 빛(가시광선)은 3900-7700Å 입니다. 이 범위 내 파장의 크기에 따라 규정 지은 것이 바로 보남파초노주빨 무지개 색입니다. 모든 파장의 가시광선이 한꺼번에 와 닿을 때 색감을 구분할 수 없으므로, 가시광선을 소위 백색광이라고 부르지요.

우리가 물체를 본다는 것은 반사된 빛을 본다는 의미입니다. 예를 들어 노란 색종이를 본다는 것은 색종이가 노란색을 비추는 것이 아니라 다른 색은 흡수하고 노란색 파장만을 반사하기 때문입니다. 만약 파란색 안경을 쓰고 흰 종이를 볼 때 파랗게 보이는 이유는 안경이 파란 빛의 파장만을 통과시키고 나머지 빛을 흡수하기 때문입니다. 이러한 모든 현상은 가시광선 영역에서만 우리가 인식할 수 있습니다.

반면에 보이지 않는 빛은 가시광선보다 짧은 파장의 자외선, X선, 감마선 등이며, 긴 파장은 적외선, 마이크로파, 전파 등이 있습니다. 이러한 빛은 보이지는 않아도 존재한다는 사실은 알 수 있습니다. 바닷가에서 자외선 차단 크림을 바른 사람과 바르지 않은 사람의 그을린 정도를 보고 자외선이 있다는 것을 알 수 있지요. 맨눈으로는 보이지 않지만 병원에서 X-선 촬영을 하고 필름을 통해서 그 존재를 알 수도 있습니다. 적외선은 열로 다가오는데, 화로에서 따뜻하게 느끼게 하는 복사 에너지가 바로 적외선입니다. 열은 보이지 않지만 느낄 수 있습니다. 열을 발하는 물체가 붉은색을 띠는 것은 적외선의 파장과 가시광선의 가장 긴 파장인 붉은색이 겹치기 때문입니다. 또한 더 긴 파장은 우리가 라디오를 들을 수 있게 하죠.

그러면 빛은 무엇일까요? 한마디로 이야기 하면 전자기적 '에너지'의 모든 영역입니다. 빛은 가시광선뿐 아니라, 자외선, X선, 적외선, 전파를 포함하며, 열, 소리, 전기, 자기, 분자상호운동의 영역에까지 해당하는 포괄적인 에너지입니다. 빛은 에너지의 기본이며, 전자기적인 모든 형태를 활성화 시키는 데 필수적입니다. 이러한 면에서 성경이 태양과 다른 별을 언급하기 전에 빛을 먼저 언급했다는 것은 매우 중요합니다. 실제로 빛이 먼저 없었다면 별들이 빛을 비추지 못할 뿐 아니라, 별 자체가 존재할 수도 없게 되죠. 성경은 이 빛이 넷째 날 해, 달, 별보다 훨씬 근본적이라는 것을 강조하고 있습니다. 시편 74편에서 하나님의 행하신 일에 대해 빛과 해를 (따로) 예비하셨다(16절)고 찬양한 것은 재미있는 표현입니다.

물질의 가장 근본인 빛을 창조하시던 하나님께서는 그 말씀을 영적인 면에도 그대로 적용하십니다. 어두운 데서 빛이 비취리라 하시던 그 하나님께서 예수 그리스도의 얼굴에 있는 하나님의 영광을 아는 빛을 우리 마음에 비취셨느니라(고후 4:6) 우리의 근본이신 예수 그리스도를 통하여 하나님의 영광과 소망의 빛을 우리의 마음속에 비춰 주셨습니다. 어두워진 세상에 빛이신 예수님을 보내신 것입니다.

아담의 갈비뼈는요?

아빠가 사고로 갈비뼈를 잃었다면 그 아들의 갈비뼈는 보통 사람보다 하나가 적을까, 똑같을까?

미시간에 있을 때 함께 성경 공부를 하던 자매를 통해 LA 한인 타운에 위치한 교회에서 세미나를 하게 되었다. 처음 세미나 요청을 받았을 때는 90분이었으나 막상 도착하니 주일 예배를 마친 후여서 모두 피곤하니 50분으로 줄여서 세미나를 진행할 수 있겠냐는 부탁을 받았다. 간략하게 창조과학을 소개하는 정도의 '창조주 하나님'으로 주제를 바꾸었다.

세미나를 마치고 컴퓨터를 정리하고 있을 때 60대 여자분이 옆에서 기다리고 계셨다.

"질문이 있으세요?"

"몇 가지 있습니다."

기다렸다는 듯한 얼굴이었다.

첫 인상으로는 정말로 궁금해서 다가온 것이라고 느꼈지만, 질문의 말투와 태도에 곧 그게 아니라는 것을 알 수 있었다. 마치 성경이 사실이라고 하는 나를 비웃는 투로 성도들 앞에서 자신 있게 질문을 던졌다.

"아담의 갈비뼈로 하와를 만들었다면, 모든 남자의 갈비뼈가 여자보다 하나 적어야 하는데 실제로는 똑같잖아요?"

자신의 질문에 절대 대답하지 못할 것이라는 확신에 찬 말투였다.

그때 옆에 서 계시던 담임목사님께서 그 여자분을 소개하시면서 내가 어떻게 답변을 하는지 보고 계셨다.

"권사님은 농생물학을 공부하신 분입니다."

권사님의 전공에 대한 소개를 듣자 자꾸만 웃음이 나왔다. 내가 답변을 드린 후에 당황할 권사님의 표정이 떠올랐기 때문이었다.

"권사님, 만약에 아빠가 사고로 갈비뼈가 부러졌으면 아들이 갈비뼈가 하나 적을까요, 아니면 사고 나기 전 아버지의 갈비뼈와 똑같은 숫자를 갖고 태어날까요?"

농생물학과를 공부하셨다고 해서 한마디 덧붙였다.

"유전적으로 어느 쪽이 옳은가요?"

유전적이란 단어에 힘을 실어 여쭈었다.

권사님께서는 얼굴이 빨개지며 우물쭈물 하시더니 그냥 가시려고 하는 것이었다. 나는 장난기가 발동했다.

"다른 질문도 있다고 하셨잖아요?"

귀띔강의

체세포와 생식세포 세포는 체세포와 생식세포로 나눌 수 있다. 체세포는 우리 몸의 여러 가지 조직기관을 구성하는 세포이고, 생식세포는 정자와 난자를 말한다. 이 둘 중 유전 정보를 전달하는 것은 생식세포다. 아담이 갈비뼈는 체세포로 이루어졌으므로 그 갈비뼈가 사라졌다고 해도 자손에게는 영향을 주지 않는 것이다.

"됐습니다."

자신이 권사라는 직분에 성도들 앞에서 창피하고, 생물 분야를 전공했다는 것에 내 앞에서 창피하고…. 권사님은 무안해져 예배당 밖으로 서둘러 나가시는 것이었다.

창조과학 탐사여행 도중에도 비슷한 경우가 있었다.

"남자가 여자보다 갈비뼈가 적을까요, 같을까요?"

버스에서 인류의 기원 비디오를 시청한 다음에 분위기를 가볍게 전환시키기 위해 던지는 질문이다. 놀랍게도 이 질문에 많은 사람들은 남자의 갈비뼈를 가지고 하와를 만들었으니 그의 후손인 우리들도 같을 것이라고 생각하고 남자의 갈비뼈가 적은 쪽에 손을 든다. 그래야만 성경이 맞을 것이라 여기든지, 아니면 성경이 사실이니까 남자의 갈비뼈가 한 개 덜 있어야 하리라는 생각에서다. 위의 권사님께 드린 것과 똑같이 설명하자, 한 분이 손을 들고 말하는 것이었다. 그분도 권사님이셨는데 믿음 없는 아들에 대한 말이었다.

"우리 아들이 의과대학에 다니는데 인체해부학을 할 때 갈비뼈를 세어 보니 남자하고 여자하고 똑같더라고 말하며 성경은 문제가 있다고 하더군요. 그때는 대답을 못했는데, 그 애 말이 왜 틀렸는지 알았어요!"

아니 의과대학에서 생물유전에 대하여 분명히 배웠을 텐데 그런 반응이 나왔다는 것이 신기하지 않은가?

우리는 기본적으로 성경이 사실이 아닐까 봐 두려워하는, 아니면 성경이 사실일 리 없다는 가정 하에 성경을 대하는 것이 아닐까? 그런 마음에서 가장 기본적인 생물학적 법칙도 무시하는 것이 아닐까? 잠깐만 정신 차려 생각해 보면, 성경은 사실이다.

창조특강 Q&A 돌연변이가 진화론의 증거가 될 수 있을까?

진화론에서 중요한 메커니즘의 하나로 '돌연변이(mutation)'가 주장되어 왔습니다. 1901년 휴고 드프리스의 달맞이꽃의 돌연변이 형질 유전이 발견된 이후 '돌연변이' 가 진화론의 메커니즘으로 받아들여진 것이지요. 멘델의 유전 법칙이 알려지면서 같은 종 안에서는 변이만 일어난다는 것이 정설이 되었을 무렵, 돌연변이는 새로운 메커니즘을 찾고 있는 진화론자들에게 복음 같은 것이었습니다. 다윈의 진화론이 물러가고 바로 신 다윈 이론이 성립되는 계기를 마련한 것이 바로 돌연변이였지요.

돌연변이는 유전 물질 자체가 변화되는 것이며, 이것은 유전자의 복제 실수와 손상 때문에 일어납니다. 돌연변이는 주로 빛의 단파장 방사선에 의해서 일어납니다. 진화론자들은 돌연변이가 실제로 DNA* 전달 자체가 변화하므로 진화 메커니즘으로 가능하다고 주장합니다. 그러나 한 세기동안 괄목할 만한 연구가 진행된 결과, 많은 유전학자들이 진화에 대한 메커니즘으로서의 돌연변이를 포기하고 있습니다. 그 이유를 짚어 볼까요?

돌연변이는 대부분 해로운 형태로 나타납니다. 돌연변이로 태어난 생물은 예외 없이 정상보다 매우 약합니다. 그것은 돌연변이가 DNA 암호(code) 내에서 매우 드물게 발생하는 사실을 생각하면 쉽게 이해할 수 있습니다. 그것은 타이핑 실수를 하였을 때 정상적인 경우보다 매끄럽지 못한 문장을 만드는 것과 유사합니다. 그러나 가장 중요한 것은 지금까지 어떠한 경우에도 돌연변이에 의해 정보가 추가된 예를 찾아볼 수 없다는 사실입니다. 진화는 크기가 작은 것에서 큰 것으로 변했다는 의미가 아닙니다. 진화되었다는 말은 어떠한 생물에게 정보가 추가됨을 의미입니다. 그러

DNA 유전정보를 보관하는 창고 같은 역할을 하며 모든 생명체의 유전 형질을 전달하는 역할을 한다.

나 아주 작은 DNA 수준에서도 정보가 추가된 예는 없습니다. 스페트너는 이렇게 표현했습니다. "그러나 내가 보아 왔던 어떤 참고문헌에서도 정보가 추가된 돌연변이가 발견된 적은 전혀 없다. 분자 수준에서 연구되었던 모든 돌연변이는 유전정보가 감소하였으며 증가하지 않았음을 보여 준다." (Lee Spetner, MIT, "Not By Chance", 1997, pp. 131, 138.)

 돌연변이를 제대로 이해한다면 오히려 성경을 확인시켜 주는 훌륭한 예가 됩니다. 돌연변이의 파괴적인 효과를 보면서 이것은 하나님께서 창조하시며 "보시기에 좋았더라" 하시던 완벽한 상태가 인간의 죄로 인해 저주 받은 결과에서 왔음을 알 수 있습니다. 과학자들은 돌연변이는 살아 있는 동안 인간이 피할 수 없는 해로운 현상으로 말합니다. 그러나 성경에서는 더 이상 아픔도, 병도 없는 곳이 올 것이라고 합니다. 그곳은 우리의 창조주이신 예수그리스도를 통해 죄가 해결된 사람들만이 갈 수 있는 곳입니다. 돌연변이를 공부하면서 더욱더 구체적으로 그 새 하늘과 새 땅이 그려지지 않습니까?

물리학적으로 설명되지 않습니다

태양계의 운동 중에는 아직 물리학적으로 답을 얻지 못한 것이 많다.
과학만으로는 설명할 수 없지만 하나님의 능력으로는 가능하다.

창조과학연구소가 있는 남가주 샌디에이고에 도착하던 해인 1998년에 샌디에이고 창조과학 세미나를 인도할 때였다. 샌디에이고에 온 이래로 처음으로 인도하는 세미나였다. 8월이었는데 정말 더운 날씨였다. 바깥 날씨도 그랬지만 세미나 장소는 더욱 더웠다. 아직 세미나 경험이 많지 않았기 때문에 사람 앞에 서는 것이 편치 않았을 때인데 날씨조차도 정신을 못 차리게 했다.

세미나가 끝날 무렵 하나님의 디자인에 대한 설명을 하면서 태양계 행성의 독특한 운동에 대한 설명을 했다.

"태양계 행성과 위성이 한 치의 오차도 없이 완벽하게 공전과 자전을 하고 있습니다. 완벽한 질서 속에서 운동하고 있습니다. 그런데 그 완벽한 질서를 자세히 관찰하면 각각의 행성과 위성은 개성을 갖고 운동하고 있습니다. 예를 들면 아홉 개의 행성 중에 일곱 개는 공전 방향과 같은 방향으로 자전합니다. 그러나 금성은 공전 방향과 반대 방향으로 자전합니다."

나는 공전하는 행성처럼 직접 걷기도 하고 자전하는 행성처럼 몸을 빙글빙글 돌리기도 하면서 설명을 하였다.

"또한 멀리 있는 천왕성은 자전축이 공전 궤도와 거의 비슷한 각도로 돌아 한쪽 면만 태양을 향하면서 자전과 공전을 하고 있습니다. 그러니까 천왕성의 한쪽 면은 태양을 향하기만 하고 그 반대편은 태양을 보지 못한 채 공전을 하고 있습니다. 공전과 자전에 대하여는 위성도 마찬가지입니다. 관찰된 태양계의 52개 위성 가운데 21개는 행성의 공전 방향과 반대로 돌고 있습니다.

태양계의 행성과 위성은 완벽한 질서를 보이지만 완벽한 개성을 보여 줍니다. 질서를 유지하려면 개성이 깨지고 개성을 유지하려면 질서가 깨지고 마는 것이 사람의 일입니다. 그러나 하나님의 피조물을 자세히 관찰하면 완벽한 질서 속에 완벽한 개성을 볼 수 있습니다. 이러한 모양이 시간이나 폭발로 이루어졌다는 것은 전능하신 창조자가 디자인했다는 것보다 더 큰 믿음을 필요로 하지 않겠습니까? 창조자는 시간과 공간을 초월한 영원하신 분임에 틀림없습니다."

무더운 세미나를 마치고 땀을 닦고 있는 나에게 한 젊은 부부가 다가왔다. 전에 한 번 보았던 얼굴이었다. 그 자매의 뜨거운 신앙이 떠올랐다. 그러나 남편은 믿음이 없었다는 것도 동시에 떠올랐다. 자매는 먼저 남편을 소개했다.

"제 남편이 질문이 있다고 해서 왔습니다."

"아까 태양계에 대하여 설명할 때 자전과 공전 방향이 서로 다르다고 하셨는데 이것은 물리적으로 설명할 수 없습니다."

그러니까, 과학으로 설명할 수 없는 것을 왜 창조과학 세미나에서 다루느냐 하는 뜻이었다. 웃으면서 대답을 했다.

"제가 태양계를 설명하면서 과학적으로 설명할 수 있다는 것을 말하려는 것이었을까요, 아니면 이러한 운동을 과학적으로 설명할 수 없다는 것을 말하려 했을까요?"

젊은 남편은 나를 빤히 쳐다보았다. 내가 먼저 대답했다.

"제가 과학적으로 설명할 수 없다는 것을 말하려는 것이었지요? 지금 일어나고 있는 현상들도 의문 투성이인데 그 복잡하고 광대한 우주가 어떻게 시작되었는지 과학자들이 어떻게 말할 수 있겠어요? 이제까지 태양계의 기원에 대한 수십 가지의 진화론 모델*이 있는데 아직까지 만족할 만한 것은 하나도 없습니다."

몇 주가 지나자 자매가 다시 찾아왔다. 남편에게 성경 공부를 인도해 줄 수 없겠냐는 것이었다. 남편이 원하면 언제든지 할 수 있다고 쾌히 승낙을 했다. 미시간을 떠난 후 처음 인도하는 성경 공부였다. 그 후 매주 목요일 저녁 함께 로마서를 나누었다. 남편은 초등학교 5학년 때 미국으로 온 1.5세였으며 화학공학과를 졸업하고 당시 엔지니어링 회사에 다니고

귀띔강의

지금까지 태양에서 행성이 만들어졌다거나 먼지가 모여 태양계의 행성이 만들어졌다는 등 태양계 기원에 대한 진화론 모델이 있었다.

있었다. 그 형제의 솔직하게 접근하는 마음을 하나님께서 기뻐 받으셔서 성경 공부를 하는 기간 동안 주님을 만나게 되었다. 그 후 샌디에이고에서 두 주에 한 번씩 모이는 1.5세들 창조과학 모임을 시작했었는데, 나중에는 2세들에게 창조과학을 전하는 위치까지 올라갔다. 얼마 후 나와 함께 교회에서 초청을 받아 한쪽 방에서는 내가 1세들에게 세미나를 인도하고 다른 한쪽 방에서는 그 형제가 2세들에게 하나님의 창조를 전하는 뜨거움도 맛보았다.

창조과학은 만물의 시작에 관하여 과학으로 설명할 수 있다는 것을 말하려는 것이 아니다. 과학으로 설명할 수 없으나 관찰된 사실을 통해 만물의 이치가 보이는 것을 초월하신 하나님의 능력과 신성으로 더욱 잘 설명된다는 것을 말하려 한다. 성경에서 말하는 대로 말이다. 그 초월적인 하나님을 마음에 간직하며 그분의 작품을 함께 즐기기 원하는 것이다.

창조특강 Q&A **우주 탄생은 빅뱅?**

하나님이 그것들을 하늘의 궁창에 두어 땅에 비취게 하시며
(창1: 17)

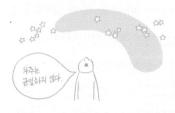

우주 진화를 믿는 사람이 주장하는 가상의 사건이 바로 빅뱅, 대폭발이라고 부르는 가설입니다. 빅뱅이론은 1947년 가모프가 원시원자이론을 확장하여 제안한 것입니다. 빅뱅은 수십억 년 전의 우주 폭발을 가정합니다. 그 폭발은 물질을 우주로 흩어 뿌렸으며, 오늘날 우리가 보고 있는 행성과 별로 천천히 농축되었다고 말합니다. 즉, 빅뱅은 우주에 언젠가 가장 큰 폭발이 있었을 것이라는 가설이지요.

그러나 생물 진화와 마찬가지로 누구도 우주 진화를 본 사람은 없습니다. 과학자들이 이를 언급할 때, "그 과정을 관찰한 적이 있습니까?"라고 물어볼 필요가 있습니다. 관찰과 해석 사이의 관계를 이해하는 것은 중요합니다. 예를 들어, 천문학자들은 어떤 별을 둘러싸고 있는 가스 구름을 관찰해 왔습니다. 어떤 과학자는 이를 보고 별이 진화해 왔다고 결론 내립니다. 왜냐하면 그들은 별은 가스 구름에서 진화된다는 편견을 갖고 있기 때문이지요. 그러나 어떤 누구도 가스가 별로 진화한 사실을 관찰한 적이 없습니다. 관찰된 것은 단지 가스 구름뿐입니다. 즉, 관찰된 사실을 진화론적 편견으로 해석했을 뿐입니다.

빅뱅이론에 따르면 우주는 폭발 이래로 꾸준히 팽창해 왔다고 합니다. 그들이 제시한 증거로 가장 많이 알려진 것이 바로 '적색편이(red shift)'라고 불리는 현상입니다. 적색편이는 관측자에서

빛이 멀어지면 빛의 파장이 늘어지며 붉은색을 띠기 때문에 나타나는 현상입니다. 그래서 이것이 우주의 팽창 증거로 제시되었던 것이죠. 실제로 많은 은하계가 붉은색을 띠기도 하지만, 많은 천문학자는 적색편이는 빅뱅과 아무런 관계가 없다는 데 동의합니다. 적색편이는 중력 등의 영향에 의해서도 나타날 수 있기 때문입니다.

빅뱅이론의 다른 큰 문제는 우주의 균일성에 있습니다. 만약 우주가 빅뱅에 의한 결과라면 별이 우주에 균일하게 퍼져 있어야 하지만, 보여 주는 것처럼 우주는 균일하지 않습니다. 무엇보다 빅뱅설의 가장 큰 모순은 우주의 복잡하면서도 완전한 구조와 조직에 있습니다. 별은 매우 질서 있으며, 가까운 태양계만 보더라도 완벽한 모습으로 존재합니다. 정확한 거리와 시간을 갖고 움직입니다. 폭발 이후가 이전보다 질서 있고 조직적인 상태를 만들 수 있을까요? 우리는 그러한 예를 본 적이 없습니다.

성경은 하나님께서 우주를 완전하게 창조하셨다고 말씀하십니다. 불완전한 과정을 통해서 점차 완전하게 창조하신 것이 아니라, 완전한 방법으로 완전한 모습을 창조하셨죠. 또한, 성경에서는 6일 동안 창조를 "마치셨다"고 기록하고 있으며, 점점 더 훌륭한 우주로 진화하는 것이 아니라 창조 당시 "심히 좋았더라" 하실 만큼 좋았습니다. 성경은 분명히 하나님이 이 광명을 하늘에 두었다고 하셨지 어떠한 폭발도 사용했다고 하지 않으셨습니다.

보이저 호도 쏴 올릴 수 있잖아요?

과거에 일어난 사건은 실험으로 확정 지을 수 없다.
실험과학과 역사과학을 구별해 생각할 수 있어야 한다.

창조 과학선교회 사무실이 있는 LA 컴미션 빌딩에는 다른 선교 기관의 사무실이 함께 있다. 컴미션 본부가 이 층 전체를 사용하고 창조과학선교회는 일 층에 자리잡고 있다. 삼 층에는 몇 개의 다른 선교 기관의 사무실로 채워져 있다. 2005년 봄에 삼 층에 있는 선교 기관 중에 컴퓨터를 통하여 선교를 하고 있는 컴퓨터 개척 선교단(FMNC, Frontier Mission and Computer)에서 창조과학 세미나를 요청했다. 선교단을 인도하고 있는 분이 창조과학선교회에서 운영하는 프로그램인 창조과학 학교와 창조과학 탐사여행에 이미 참석했는데 그는 우리 프로그램을 다른 간사들과 나누고 싶다고 했다.

토요일 오전에 팔십 분 동안 세미나를 인도했다. 대부분이 컴퓨터 또는 이공계를 전공한 분이기 때문에 조금은 딱딱할 수도 있는 '진화와 과학 한계'란 내용으로 준비했다. 그들은 세미나 내내 흥미를 보였고 진지했다. 세미나 내용은 진화론이 요구하는 화석이 생물학적 증거가 없다는 것을 비롯하여 과학의 한계에 대한 내용이었다. 세미나를 마친 후 여느 때와 같이 질문을 받는 시간을 가졌다. 구석에 앉아 있던 한 분이 손을 들었다.

보이저 1·2호 미국항공우주국(NASA)이 목성·토성·천왕성·해왕성 등 목성형 행성의 탐사를 위하여 발사한 무인탐사우주선이다.

"그래도 지금 보이저호를 보내고 있잖아요."

이분이 이렇게 말하는 것은 아주 함축적인 뜻을 담은 것이었다.

'오늘날 과학이 멀리 보이저호를 보내 행성을 조사할 수 있을 정도로 발전했는데 그들 과학자가 말하는 내용 중에 그래도 받아들여야 할 부분이 있는 것 아닙니까?'라는 말을 하고 싶었던 것이다. 역시 컴퓨터라는 첨단 기술문명을 다루는 분다웠다. 세미나 가운데 다루었던 '과학 한계'를 상기시키면서 대답을 했다. 특별히 세미나 내용 중 이분이 '실험과학과 역사과학' 부분을

실험과학과 역사과학

정확히 이해가 되지 않으신 것 같아 몇 가지 예를 보충하여 설명해 드렸다.

오늘날 과학을 그 대상의 특징을 가지고 나누자면 크게 '실험과학(experimental science)'과 '역사과학(historical science)'으로 나눌 수 있다. 실험과학이란 과학자들의 관찰과 실험이

수반된 연구 결과를 말하는 것이다. 예를 들면 생물의 세포나 DNA의 기능을 연구하는 것, 화학 실험에서 얻은 결론, 물리학에서 중력 상수를 구하는 것, 비행기를 만드는 것, 우주선을 띄우는 것, 컴퓨터를 만드는 것 등이다. 이러한 것은 모두 실험에 의해서 이끌어진 것이거나 더 나아가 그 법칙에 근거한 조작을 통해 얻어진 결과다.

반면에 역사과학은 진행 과정에 대한 관찰이나 실험에 의한 것이 아니라 과거에 어떠한 일이 일어났는지 '추측' 하는 분야이다. 예를 들면 생물이나 우주의 기원과 같은 내용이다. 이러한 것은 실험의 결과에서 얻어진 것이 아니며 실험할 수도 없는 영역이다. 실제로 그 과정을 관찰하는 것조차도 불가능하다. 생물이나 우주가 어떻게 시작하였는지 아는 방법은 오직 자신의 세계관에 의한 가설을 통하여만 가능한 것이다. 여기에는 만물의 기원에 대한 것뿐 아니라 과거에 일어난 사건을 추측하는 영역도 포함된다.

예를 들어 한 고생물학자가 어떤 퇴적암에서 공룡 화석을 발견하였다고 하자. 이 고생물학자는 공룡 화석을 포함하고 있다는 이유로 이 퇴적암을 중생대층으로 생각할 것이다. 그러나 엄밀히 말해서 여기까지의 결론은 어떠한 과학적 방법이 동원되어 얻어진 것이 아니다. 이미 이 고생물학자의 생각에는 공룡이 중생대라는 지질시대에 살았다는 기존 지식이 자리 잡고 있었기 때문에 어떤 과학적 검토 없이 암석의 지질시대를 결정해 버리는 것이다. 그러나 실제로 지구상에 고생대, 중생대, 신생대 등의 지질시대를 고스란히 보여 주는 곳은 어디에도 없다. 공룡화석이 중생대라고 하는 것은 이미 그 고생물학자의 마음에 지구가 그러한 지질시대를 겪었었다는 진화론적 역사관이 자리 잡고 있다는 의미다. 만약에 이 사람이 1억 년쯤 되었다고 화석의 나이까지 말했다면, 그는 더 많은 가설을 사용한 것이다. 왜냐하면 화석이나 퇴적암은 방사성 연대측정조차도 불가능하기 때문이다. 즉, 공룡 화석을 보여 주는 퇴적암의 지질시대와 나이를 말할 때 그 결과는 이미 몇 단계를 거친 진화론적 편견 위에 세워진 것임을 쉽게 알 수 있다.

문제는 오늘날 과학책에는 실험과학과 역사과학이 뒤섞여 있다는 점이다. 즉, 세포나 DNA의 역할, 원소의 주기율표, 만유인력의 법칙과 같은 실험과학의 영역과 함께 진화계통표, 지질시대표, 빅뱅이론 등과 같은 역사과학 영역이 구분 없이 실려 있다는 것이다. 그래서 사람들은 마치 진화론적 역사과학을 부정하면 실험과학의 영역조차도 부정하는 것이 아닌가 하는 그릇된 염려를 하게 된다. 창조과학 사역을 할 때 가끔씩 받는 오해를 받을 때가 있는데 그 이유가 바로 여기에 있다.

'그러면 과학책에서 믿을 것이 뭐가 있나요?' 등의 질문이 이러한 경우다. 진화론을 빼면 과학책의 나머지도 무너지는 것이 아니냐는 염려에서 나오는 질문이다. 여기까지 이해가 되었다 하더라도 이어서 나오는 질문이 있다.

"그러면 창조론도 똑같이 역사과학이므로 성경적 세계관과 편견에서 나온 것이잖아요?"

여기에 대한 대답은 일단은 "맞다"이다.

그러나 과거에 어떠한 일이 일어났는지 알 수 있는 가장 분명한 방법이 한 가지 있다는 것이다. 그 방법은 과거에 그 자리에 있던 증인에게 물어보는 것이다. 그리고 증인의 말을 통해서 거꾸로 거슬러 올라와 봐야 한다는 것이다. 그러니까 현재 모습에서부터 과거를 추론하는 것이 아니라, 증인이 말하는 과거의 내용을 사실로 먼저 믿어 보고 오늘날의 모습을 보자는 것이다. 그러한 방법을 택했더니 지금의 현상을 잘 설명하는 것 같다면 그 증인의 말은 믿을 만한 것이다. 그런 의미에서 진화론자와 같이 역사과학을 다루는 데 있어서 창조과학자들은 귀납적 방법으로는 어려우므로 대신 과거에 거기 있었던 분의 증언에서 시작하는 연역적 방법을 취한 것이다.

예를 들면 생물들을 '각기 종류대로' 창조하셨다는 그분의 말씀에서부터 시작해 보니 오늘날의 생물이 갖고 있는 유전적 한계에 잘 맞아 떨어진다는 것이다. 인간에 대하여도 거기 계셨던 분의 말씀에서 시작해 보니 하나님의 형상이라는 특징이 맞아 떨어진다. 이러한 문제는 기원에 대한 것뿐이 아니라 과거의 역사에 대한 부분도 해당된다. 과거에 지구 전체 걸친 "모든 깊음의 샘과 하늘의 창이 열리며" 시작한 대격변이 있었다는 성경 기록에서 출발해 보았을 때 현재 지형과 지질학적 모습은 이에 잘 맞아 떨어진다는 것이다.

여기에 부시맨 영화 같은 예를 들 수 있을 것이다. 어떤 사람이 컴퓨터가 전혀 소개된 적 없는 아프리카 한 동네에서 노트북 컴퓨터를 잃어버렸다고 하자. 한 아프리카 토인이 노트북 컴퓨터를 발견했다고 하자. 이들은 네모반듯한 모양이 무엇인지, 복잡한 회로는 어떻게 만들어졌는지, 왜 만들었는지, 언제 만들었는지, 누가 만들었는지 어떻게 알 수 있을까? 이들이 질문에 대하여 스스로 깨달아 알 수 있을까? 그렇다면 어떤 방법이 이 노트북에 대한 궁금증을 푸는 데 가장 빠른 방법일까? 물어보나마나 이에 대한 해답은 노트북 제작자나 제작 과정을 본 증인에게 있다. 노트 북앞에 앉아서 노트북의 과거를 알려고 시도하는 것이 역사과학이다. 그리고 제작자에게 물어보지 않고 보이는 노트북만 앞에 놓고 스스로 깨달아 알려고 하는 것이 진화론자들의 자세이고, 제작자에게 먼저 물어보고 노트북의 현재 모습을 이해하려는 것이 창조과학자의 자세라 할 수 있다.

생물, 인간, 지구, 우주는 노트북 컴퓨터보다 훨씬 복잡하다. 그렇다면 이들의 기원과 역사에 대하여 현재 우리가 깨달아 알 수 있을까? 그것이 이해할 수 있는 가장 빠른 길일까? 우리는 거기에 있었다고 하는 분께 먼저 물어보아야 한다. 그것이 옳은 길이다. 하나님께서 욥에게 자신의 피조물에 대하여 가장 먼저 던진 질문이 무엇인가? **내가 땅의 기초를 놓을 때에 네가 어디 있었느냐? 네가 깨달아 알았으면 말할지니라**(욥 38:4) 하나님께서는 기원에 관하여 우리가 스스로 깨달아 알 수 있는 것이 아니라고 하신다. 이들은 깨달아 알 수 있는 것이 아니라 만든 분에게 물어보아야 알 수 있는 것이다.

이와 비슷한 경우가 2005년 봄 한 유학생 교회 청년부 수련회에서도 있었다. 삼 일 간 다섯 번의 세미나를 인도하였는데, 세미나 내내 불만스런 표정을 하던 친구가 눈에 띄었다. 불만스런 표정뿐 아니라 가끔씩 고개를 좌우로 흔들기도 했다. 특별히 결론 부분에 성경을 언급할 때면 여지없이 실망의 표정을 짓곤 했다. 이 친구의 불만은 과학을 말하면서 왜 성경을 언급하냐는 것이었다. 그러니까 성경을 읽으면 더욱더 기분이 언짢을 수밖에!

둘째 날 저녁에 청년부 리더가 이 사실을 알아차리고 이 친구를 불러 이야기를 나누면서 이렇게 물어보았다.

"너, 왜 강사님이 세미나마다 성경 구절을 읽으시는 줄 아냐?"

이 친구가 가장 불편해 하던 부분을 정면으로 물어본 것이다.

"바로 과거에 대하여 우리 스스로 깨달아 알 수 없다는 것을 말씀하려는 거야. 과거에 대하여는 거기 계시던 분의 계시를 통하지 않으면 알 수 없다는 말씀을 하려는 거라구."

리더는 이번 창조과학 세미나의 목적이 무엇인지 정확히 파악하고 말했다. 그때서야 이 친구는 내가 세미나를 통하여 심어 주려는 것이 무엇인지 이해했다.

ⓒwww.AnswersInGenesis.org

나는 내 아버지에게서 본 것을 말하고 너희는 너희 아비에게서 들은 것을 행하느니라(요 8:38) 예수님께서 직접 하신 말씀이다. 예수님께서는 성부 하나님과 처음부터 보았던 것을 우리에게 말씀하고 계시다고 했다. 그리고 우리는 눈에 보이는 세상 아비에게 들은 것을 행한다고 했다. 여기서 창조과학자와 진화론자의 자세가 분명히 달라진다. 우리는 과거에 대하여 그때 거기 계셨던 그분에게 물어보며 역사과학을 시작한 것이고, 진화론자들은 기껏해야 백 년 남짓 살 수 있는 실수투성이인 사람들에게 물어보며 과거를 알려고 했던 것이다.

우리에겐 답이 있다. 과거에 대한 분명한 답이 있다. 이는 정말로 놀라운 일이 아닐 수 없다. 스스로 깨달아 알 수 없는 그것을 알 수 있는 길이 열린 것이다. 바로 계시의 책이 있기 때문이다. 우리는 현재의 모습을 보고 과거를 알 수 없다. 오히려 과거의 있었던 일을 증언하는 답을 통해 현재의 모습을 알 수 있다. 이것이 올바른 방향인 것이다.

창조특강 Q&A 화석은 어떻게 만들어질까?

물고기가 어항에서 죽은 것을 보셨나요? 물고기의 사체는 물속으로 가라앉아 버릴까요, 아니면 물 위로 떠오를까요? 물론 떠오릅니다. 호수나 바다에서도 죽은 물고기는 바로 떠오르고 박테리아에 의해 부패되어 곧 형체를 잃어버리게 됩니다. 그러나 화석에 나타난 물고기의 모양을 보면 하나같이 그 원래 모양을 그대로 간직하고 있는 것을 볼 수 있습니다. 등뼈, 아가미, 지느러미뿐 아니라 심지어 비늘까지도 그대로 보여 줍니다. 이는 물고기가 정상적인 죽음을 당한 것이 아님을 말하는 것입니다. 즉 다량의 진흙이 순식간에 물고기를 덮지 않으면 우리가 보고 있는 물고기 화석은 만들어지기 어렵습니다. 그러므로 화석은 생물체가 죽은 후에 시간이 지나서 만들어지는 것이 아니라 오히려 화석을 만들 만한 갑작스런 매몰에 의해 죽은 것들입니다. 그리고 그 사건이래로 지금까지 돌 속에 갇혀 남아 있게 된 것입니다. 화석 가운데 가장 많은 양을 차지하고 있는 것은 조개와 같은 무척추동물 화석입니다. 전체화석의 거의 95%를 차지하고 있습니다. 조개도 물고기와 마찬가지로 죽은 후에는 모래와 물에 의해 마모되어 그 무늬를 상실하게 됩니다. 그러나 조개화석들은 그 무늬를 그대로 간직하고 있습니다. 또한 특이한 것은 조개들은 자신이 죽게 될 때 입을 벌리고 죽는 것이 보통인데(조개국을 먹을 때 쉽게 볼 수 있지요), 많은 조개화석들은 그 입을 다문 채로 발견되는 것도 흥미로운 특징입니다. 이러한 조개화석의 모습들

도 물고기 화석과 마찬가지로 비정상적인 사건을 경험하였음을 보여주는 것입니다. 즉, 조개가 죽은 다음에 화석이 된 것이 아니라, 조개화석을 만들만한 어떤 사건 때문에 조개가 죽은 것입니다.

조개화석의 양이 얼마나 많을까요? 어떤 이들은 수백억 개가 넘을 것이라고 표현했습니다. 집을 지을 때 가장 많이 사용되는 재료가 시멘트인데 그 시멘트는 모두 석회암에서 나온 것입니다. 석회암은 거의가 다 무척추동물의 화석군으로 구성되어있습니다. 그렇다면 이들의 양이 얼마나 엄청난지 상상할 수 있을 것입니다. 그런데 우리는 관찰된 어떠한 격변적 사건으로도 이런 식의 화석을 만드는 것을 관찰한 적이 없습니다. 물고기 화석도 마찬가지입니다. 물고기는 그들이 매몰될만한 사건을 경험했음에 틀림없는데, 지금 우리가 보고 있는 물고기화석은 오늘날의 자연과정으로는 결코 설명될 수 없는 것들입니다.

그 밖의 다른 화석들도 마찬가지입니다. 게, 새, 가재, 곤충, 공룡, 박쥐 등의 화석들도 천재지변을 격은 모습을 보여줍니다. 그것도 작은 사건이 아닌 대격변을 이야기 합니다. 또한 이들 화석들은 발견되지 않는 지역이 없을 정도로 지구 전체에서 발견됩니다. 성경에 지구 전체에 걸쳐 일어난 사건이 기록되어 있습니다. 바로 노아 홍수입니다. 노아 홍수는 모든 깊음의 샘들이 터지며 하늘의 창들이 열려 천하의 높은 산이 다 잠긴(창 7:11, 19)사건입니다. 단지 비만 온 것이 아니라 비와 힘께 모든 땅이 부수어진 사건입니다. 이러한 사건은 지금 보여 주고 있는 화석을 형성하기에 완벽한 조건을 보여 줍니다.

화석은 오랜 시간에 걸친 느린 퇴적이 아니라, 대격변에 의해 만들어진다.

지구가 먼저? 별이 먼저?
–창세기 1장의 중요성 (1)

하나님께서 처음으로 만드신 것은 무엇일까?
창세기 1장 1절에서 말씀하신 천지, 곧 지구이다.

2006년 11월 가족이 함께 콜로라도 주에 콜로라도 스프링스라는 도시에 머문 적이 있었다. 한미연합 감리교회에서 주일예배 때 '보이지 않는 하나님'이란 주제로 설교를 하고 숙소로 돌아왔다. 숙소에서 가족과 함께 있는데 한 집사님께 전화가 왔다. 그날 저녁 교회 분들이 그 집사님 댁에 모이는데 와 주실 수 있냐는 것이었다. '창조과학에 대해 알고 싶으셔서 불러 주시는 것이려니…' 하고 쾌히 승락했다. 가족이 함께 방문하기로 했다.

담임목사님을 포함해서 이십여 명 정도 모여 있었다. 식사를 할 때부터 모인 분의 질문이 끊이지 않았다. 목사님께서 아무래도 식사 후에 공개적으로 질문과 응답하는 시간을 따로 갖는 것이 좋을 것 같다고 하시기에 그렇게 하겠노라 하고 식사 후에 모여 앉았다. 답변을 하던 중 구석에 앉아 있던 한 남자 집사님이 질문해 왔다.

"빅뱅이란 말을 종종 들었는데 빅뱅이 뭐죠?"

이미 주일 예배 시간에 히브리서 11장 3절을 통해 **보이는** 것은 **나타난** 것으로 말미암아 된 것이 아니니라는 말씀으로 각자의 마음에 보이지 않는 하나님이 먼저 있는 것이 중요하다고 나눈 후였기에 여기에 맞추어 대답하는 것이 빠르겠다는 생각이 들었다. 일단 주일 예배 내용을 잘 이해하셨는지 확인하며 시작했다.

"집사님께서는 보이는 것들이 보이지 않는 분에게서 나왔다는 것을 믿으시죠?"

"네, 그렇습니다."

모인 나머지 분들도 끄덕였다.

"빅뱅 역시 진화론적 천문학에서 비롯된 것입니다. 150~200억 년 전의 대폭발에 의해 우주가 형성되었다는 이론으로, 보이는 것을 가지고 우주의 기원을 알아보려는 노력이죠. 빅뱅이론은 과학자 사이에서도 반박을 받는 이론입니다."

몇 가지 과학적인 문제점과 우주의 완전한 모습에 대하여 설명하자 질문하신 집사님과 모인 사람들은 충분히 동의하는 것 같았다. 그러나 나는 여기서 멈추고 싶지 않았다. 모인 분들에게 아직도 남아 있는 진화론적 사고를 들추어내고 싶었다.

"여러분, 지구가 먼저 창조됐을까요, 아니면 별이 먼저 창조됐을까요?"

"… ."

대답 없이 서로 얼굴만 쳐다보고 있었다. 내가 먼저 다음 질문을 던졌다.

"성경에는 어느 것이 먼저 창조되었다고 쓰여 있나요?"

"… ."

그래도 대답이 없었다. 성경을 모르고 있었다. 성경을 모른다는 말보다 성경을 읽으면서도 자신의 생각과 다른 부분에 대하여 문제의식을 갖지 않았다는 말이 맞을 것이다. 잠깐 동안 모인 사람의 답변을 기다리다가 내가 먼저 말을 꺼냈다.

"성경에는 분명히 지구가 먼저 창조되었다고 기록되어 있습니다. 창세기 1장 1절에 태초에 하나님께서 천지를 창조하셨다고 하지 않았습니까? 여기서 분명히 하늘과 땅이라고 되어 있는데 땅은 언제나 영어로도 earth이고 실제 히브리어 에레츠도 언제나 땅을 말하고 있지요. 그리고 2절부터는 그 창조된 지구를 하나님께서 가꾸시는 모습을 그리고 있는 모습을 볼 수 있습니다. 둘째 날의 궁창과 셋째 날 뭍과 식물은 분명히 하나님께서 지구를 다듬으시는 모습입니다. 그리고 넷째 날에서야 처음으로 태양과 달과 별이 언급되고 있습니다. 다섯째 날과 여섯째 날 다시 땅에 동물과 사람을 창조하시는 장면입니다. 성경에는 분명히 지구가 먼저이고 별이 나중에 창조되었다고 기록하고 있습니다. 그런데도 왜 우리는 별이 먼저 창조되었다고 생각할까요?"

기독교인조차 성경을 읽고 있으면서도 지구가 별보다 먼저 창조되었다는 생각을 감히 하지 못한다. 왜 그럴까? 이유는 간단하다.

우리는 지금까지 창조 때에 거기에 없었던 사람들의 말만 수없이 들어왔기 때문이다. 그래서 진짜 창조 순서는 성경을 읽으면서도 감이 잡히지 않는 것이다. 그러나 창조하신 분은 분명히 지구를 먼저 창조하셨다고 말씀하셨다.

진화론자의 입에서 감히 지구가 먼저 만들어졌을 것이라는 이론이 스스로 나온다는 것은 기대하기 어렵다. 그들이 인류에 대하여도 인간은 동물이 아니라 보이지 않는 하나님의 형상이라고 하는 특별한 존재로 말하고 싶지 않은 것과 똑같은 이치다. 그러니까 인간이 살고 있다고 해서 지구가 다른 것보다 먼저 만들어진 특별한 행성으로 분류한다는 것이 마음 편할 리 없다. 보이는 것만 가지고 모든 것을 다루려고 하는 생각의 한계 때문이다. 그런 면에서 창세기 1장은 자신이 진화론으로부터 얼마나 영향을 받고 있는지 알도록 하는 척도라 할 수 있다. 왜냐하면 이 세상에서 유일하게 보이지 않는 하나님의 창조 과정이 기록된 곳이기 때문이다.

"우리가 스스로 진화론에서 완전히 벗어날 수 있을까?"

이에 대한 답은 "아니오"이다. 왜냐하면 우리 사고의 한계뿐 아니라 태어날 때부터 매일 보고 듣는 것이 진화론이기 때문이다. 교회를 벗어나 학교, 도서관, TV, 영화 어딜 가나 진화론이 설명한 것 외에는 들어본 것이 없다. 그러므로 일단 스스로 "나는 진화론을 벗어날 수 없다."는 솔직한 고백을 먼저 할 줄 알아야 한다. 그것이 맞는 말이다.

"진화론에서 먼저 벗어나야 성경을 제대로 읽을 수 있다."

매주 기독교 어린이가 겪고 있는 현실. ⓒwww.Answers InGenesis.org

는 말도 엄밀히 하면 불가능하다. 진화론에서 벗어날 수 없다는 것을 이미 시인했기 때문이다. 가장 적절한 말은 "성경을 완전히 믿어야 진화론에서 벗어날 수 있다."이다.

무엇보다 성경에 대한 믿음이 먼저이다. 진화론이 무엇인가? 보이는 것만 가지고 기원에 대하여 설명하려고 하는 시도에서 나온 것이다. 그러므로 그러한 교육을 받은 우리도 마찬가지다. 스스로 진화론에서 벗어날 수 없으며 오직 하나님께서 먼저 가르쳐 주셔야 벗어날 수 있다. 즉 그분의 계시에 의해서만 진화론에서 벗어날 수 있다. 그 창조 상황이 그대로 적혀 있는 곳이 바로 창세기 1장이다. 즉, 창세기 1장의 믿음을 통해서 내가 어느 부분에 얼마만큼 진화론에 물들어 있는지 발견할 수 있는 것이다. 그러니까 창세기 1장은 우리가 얼마만큼 진화론에 영향을 받았는지 볼 수 있는 거울과 같은 척도이다.

또한 창세기 1장은 하나님께서 모사이심을 인정하는 곳이다. 누가 손바닥으로 바닷물을 헤아렸으며 뼘으로 하늘을 재었으며 땅의 티끌을 되에 담아 보았으며 명칭으로 산들을, 간칭으로 작은 산들을 달아 보았으랴. 누가 여호와의 신을 지도하였으며 그의 모사가 되어 그를 가르쳤으랴?(사 40:12-13) 이사야서에서 하나님의 창조

순간을 말하고 있는 구절이다. 하나님께서 창조하시면서 우리에게 물어보셨나? 하나님께서 우리에게 아이디어를 구하셨나? 하나님께서는 창조하시며 누구에게도 물어본 적이 없으시다. 하나님께서는 자신 스스로 결정하셨다.

"하나님, 이 세상을 어떻게 시작하셨어요?"

이 세상 시작에 대하여 우리는 철저히 물어보는 위치에 있을 뿐이다.

"내가 지구를 별보다 먼저 창조하셨다."고 하나님께서 말씀하셨는데도, "아니에요. 별들이 먼저 창조되었어요. 그것이 더 이치에 맞아요. 과학적으로도 그것이 그럴듯해요."라고 오히려 하나님께 조언하는 사람들이 있다. 자기가 빅뱅이론이 타당한 것 같다고 해서 하나님께 빅뱅을 건의할 수 없다. 하나님께서 지구를 먼저 창조하셨다고 하므로 우리는 그냥 복종할 뿐이다. "하나님 그렇습니다." 먼저 인정하고 보면, 하나님께서 창조하신 방법과 순서가 가장 지혜로웠음을 알 수 있다. 여호와는 하늘을 창조하신 하나님이시며 땅도 조성하시고 견고케 하시되 헛되이 창조치 아니하시고 사람으로 거하게 지으신 자시니라(사 45:18) 하나님께서는 하나님의 형상이 거할 지구를 먼저 지으시고 이곳을 채우시고 다듬기 위해 닷새를 사용하신 것이다. 나머지 별은 넷째 날 하루밖에 할애하지 않으신 것이나. 그런 면에서 창세기 1장은 하나님께서 모사이심을 인정하는 출발점이다.

사실 빅뱅이론에서 벗어났다면 우주 기원에 대하여 성경적 순서를 받아들이는 것은 그리 어려운 것이 아니다. 지구가 먼저 만들어지고 태양이 나중에 만들어졌다고 해서 질량이 훨씬 큰 태양을 중심으로 지구가 공전하는데 물리학적으로 문제가 되지 않는다. 또한 나머지 행성들이 태양 주위를 도는 것도 만유인력법칙에 위배되지 않는다. 오히려 빅뱅이론과 같이 폭발에 의한 설명이 더 모순이 많다. 완전한 거리, 완전한 속도, 완전한 자전…. 우리는 태양계만 보더라도 완전이란 단어를 수도 없이 써야 한다. 그 완전한 모습을 설명하기 위해 빅뱅이론은 '우연', '시간'이라는 단어를 수도 없이 사용한다. 즉, 하나님께서 우주를 창조하셨다는 사실보다 더 큰 믿음을 요구하면서 설명해야 한다.

그동안 진화론자들이 성경 가운데 가장 많이 공격했던 부분도 창세기 1장이었다. 자유주의 신학자들이 성경과 진화론을 조화시키려고 가장 많이 노력했던 곳도 창세기 1장의 하루를 무구한 진화론의 길이로 늘이거나 순서를 무시하려는 노력이었다. 반대로 창조과학자들에게 언제 성경에 대하여 완전히 순복하게 되는지 또는 언제 창조과학 사역을 하고 싶어졌냐고 묻는다면 대부분 '창세기 1장'을 확신하게 되었을 때로 꼽는다. 창세기 1장에 대한 확신의 순간이 곧 모든 생각을 성경 앞에 내려놓는 순간이기 때문이다. 창조과학자가 창세기 1장을 사수하려는 이유는 바로 여기에 있다. 창세기 1장이 우리의 생각의 척도를 성경으로 인정하고 하나님께서 우리의 모사이심을 인정하는 출발점이기 때문이다.

1999년 LA에서 창조과학 컨퍼런스를 할 때 당시 남부지부장이셨던 최호진 박사께서 창조과학자의 정의를 이렇게 말쓴하셨다.

"창세기 1장의 믿음과 함께 예수 그리스도를 자신의 구세주로 시인하는 사람!"

훌륭한 정의라고 생각하지 않는가?

창조특강 Q&A 홍수 이전 층은 지금과 어떻게 다를까?

지질시대는 크게 화석이 전혀 발견되지 않는 선캄브리아기와 화석이 발견되는 나머지 지질시대로 나눌 수 있습니다.

그런데 재미있는 것은 이러한 조각조각 보여 주는 퇴적층의 아래는 반드시 선캄브리아기의 층이 나타난다는 것입니다. 다시 말하자면 화석을 간직하고 있던 퇴적암 밑에서 화석이 전혀 발견되지 않는 암석을 갑자기 만나는 것이죠. 아래서부터 이야기하자면, 화석을 전혀 보여 주지 않는 암석이 계속되다가 갑자기 상부에서는 화석을 간직한 채 덮고 있는 퇴적암 층을 만나게 됩니다. 화석을 전혀 보여 주지 않는 하부의 암석을 선캄브리아기층이라고 부르지요.

선캄브리아기층의 특징은 아래와 같이 정리할 수 있습니다.
① 화석을 포함하는 모든 퇴적층의 '밑'에서 기반을 이룬다.
② 화석이 발견되지 않는다.
③ 위를 덮고 있는 퇴적층과는 전혀 다르며 단단하고 압력과 열에 의해 변성되었다.

이러한 특징 때문에 일반인도 조금만 주의해서 보면 차이점을 쉽게 구분할 수 있습니다.

위에 언급한 것 이외에도 많이 있으나, 어쨌든 이렇게 두 개의 층이 뚜렷이 구분되는 것은 지구상에 어디서나 볼 수 있는 공통된 특징입니다.

성경에는 땅(돌)이 만들어지는 시기가 크게 두 번 있었음을 말합니다. 한 번은 창세기 셋째 날 물이 한곳으로 모이고 물이 들어나라… 물을 땅이라 칭하시고(창 1:10-11) 때 만들어진 땅이고 다른 한 번은 깊음의 샘들이 터지고 하늘의 창이 열린(창7:11)코로 생물의 기식을 호흡하는 것이 다 죽었던(창7:22) 노아 홍수 사건 때입니다. 그러니까 노아 홍수에는 기존에 창세기 셋째 날에 땅이 부서지고 다시 쌓여서 형성된 퇴적암이 형성될 수밖에 없는 것이지요. 그리고 그때 죽었던 생물을 화석으로 간직할 수밖에 없습니다.

반면에 셋째 날 만들어졌던 땅은 홍수 때 만들어진 모든 퇴적암의 기반을 이루어야 하며, 아직 생물을 만들기 전이기 때문에 화석을 포함한다는 것은 불가능합니다. 또한 기존에 있었던 것이 홍수 동안에 받은 압력과 열 때문에 큰 변성을 받아야 합니다.

성경이 사실이라고 받아들이면 위의 조건은 정확히 맞아 떨어집니다. 어디에서나 관찰되면서도 진화론적 지질학자들은 도저히 풀 수 없는 문제를 성경은 명확히 설명하고 있는 것입니다. 그래서 창조과학자는 선캄브리아층을 '홍수 전 층 (Pre-flood rock)'이라고 부르며 그에 쌓인 층을 '홍수 층(Flood rock)'이라고 부릅니다. 바로 '홍수 전 층'은 창조하신 후 하나님께서보시기에 좋았더라고 말씀하셨던 땅의 흔적이고, 그 위의 '홍수 층'은 바로 하나님의 심판 동안 형성된 땅을 말합니다.

우리는 이 모습을 보면서 하나님의 심판이 얼마나 엄청났었는지 상상합니다. 또한 하나님이 보시기에 아름답다고 하셨던 땅이 얼마나 아름다웠을까 하는 간절한 궁금증이 일기도 합니다. 또한 하나님께서는 우리를 저주하셨던 이 땅에 대한 미련이 아니라, 새 하늘과 새 땅을 사모하는 마음을 심어 준 것입니다.

UFO는 있을까?
-창세기 1장의 중요성 (2)

창세기 1장 속에는 UFO나 외계인 등 허무한 것이 들어갈 틈이 없다.

"외계인은 있는 거예요?"
"공상과학 영화는 어떤 것인가요?"

최근 들어 부쩍 학생들이나 부모님으로부터 많이 나오는 질문이 있다. 바로 UFO나 외계인 또는 공상과학 영화에 대한 궁금증이다. 오늘날 영화관에 가더라도 어렵지 않게 외계인이나 UFO에 대한 영화를 접하게 된다. 창조과학 탐사여행 중에도 캘리포니아와 애리조나 주 경계를 넘어가서 40km 서쪽으로 가게 되면 외계인 추종자들이 모이는 장소를 고속도로 상에서 쉽게 볼 수 있다. 그곳에 가면 조잡하지만 천문대 같이 커다란 구(求)가 있고 거기에는 수십 개의 안테나가 매달려 있다. 구의 바깥쪽 계단을 따라 온갖 종교의 상징이 진열돼 있고 ET와 비행접시 모형 등이 보인다. 이곳뿐 아니라 많은 곳에서 UFO 동우회가 생기고 이들은 정기적, 비정기적 모임도 갖고 그동안 발표되었던 내용을 비교하기도 한다.

    UFO는 무엇인가? UFO는 Unidentified Flying Object, 말 그대로 미확인 비행 물체이다. 용어를 사용하고 있는 본인들 스스로 확인되지 않은 것이라고 여기니 한마디로 모른다는 것이다. 문제는 UFO를 생각하며 외계의 생명체 내지는 지적 존재를 염두에 두고 언급한다는 점이다. 지금까지 UFO나 외계인을 봤거나 사진을 찍었다고 발표되었던 것은 99%가 조작 내지는 가짜로 판명되었다. 나머지 1%도 확인된 바 없다. 그 확인되지 않은 1%도 설득력 있는 그림이 하나도 없다. 그러니까 UFO에 대한 발상은 손에 잡힌 관찰의 증거에서 나온 것이 아니라 상상의 표출이다.

    과학을 이야기하려면 먼저 실험이 필수적이어야 하는데 UFO는 실험 대상이 아니다. 그러므로 정확히 정리되어야 될 부분이 하나 있다. UFO나 외계인에 대한 논쟁은 진화론이나 빅뱅이론과 마찬가지로 기원에 해당하는 문제라는 점이다. 작은 생명체조차도 과학자들의 실험에 의해서 얻어진 경우는 없다. 더군다나 이미 살아 있는 지구의 들꽃조차 지구 밖에 살게 할 수도 없다. 달에다 지구에 있던 꽃씨를 뿌린다 해서 꽃이 필 리 만무하다. 꽃을 피우려고 노력한다면, 적당한 물, 온도, 공기, 태양에서 오는 단파를 차단하는 장치 등 수많은 조건을 맞추어야만 할 것이다. 모든 조건을 갖춘다 해도 지구에 있는 이미 살고 있는 다른 생명체의 도움 없이는 불가능하다. 토양에 있는 미생물도 필요하고 곤충이 없으면 다음 세대를 준비하지도 못한다. 들풀 하나를 보더라도 이를 위한 주위의 완벽한 조건이 우연히 만들어졌다는 것을 믿는다는 것은 어리석다.

생명에 관한 내용은 실험에서 얻어진 과학적인 접근의 영역이 아니다. 과학자가 생명에 대하여 말할 수 있는 것은 생명은 항상 그 모태에서 나온다는 것뿐이다. 더군다나 한 번도 가 보지 않은 별에서 생명체가 발생했다는 외계인이나 UFO의 문제는 과학의 영역과 거리가 먼 문제이다. 지금까지 천문과학의 어떤 논문에서도 UFO에 대한 내용이 거론된 적이 없다는 것을 주시할 필요가 있다. 즉 빅뱅이론을 받아들인 과학 논문들도 과학과는 거리가 먼 내용일 때가 많다.

공상과학(science fiction)이란 말이 있다. 참 묘한 단어다. 공상이란 말은 허구를 말하는 것이고 과학은 사실을 말하는 것인데 두 단어가 함께 사용되고 있는 것이다. 그러므로 공상과학은 단어부터 모순이 있다. 마치 진화론과 비슷한 느낌이 오지 않는가? 진화는 관찰이나 실험에서 얻어진 결론이 아닌데 사실을 담고 있어야 할 과학책에 한 자리 잡고 있으니 말이다. 그러면 공상과학이라고 하는 UFO는 어떻게 등장했는가? UFO 추종자들이 한결같이 갖고 있는 기본적인 세계관은 완벽한 지구 역시 수많은 별 중에 하나라 여기는 빅뱅이론에서 나온 세계관이다. 그리고 지구에서 생명이 발생하고 진화되었으므로 수많은 별 가운데도 생명체가 발생할 가능성이 있지 않을까 하는 진화론적 세계관에서 비롯된 것이다. 그러니까 UFO와 외계인도 빅뱅이론과 진화론적 세계관의 산물인 것이다. 전혀 과학적이지 않은 내용임에도 사람들이 이들에 대하여 쉽게 받아들이는 이유도 사람들 안에 빅뱅과 진화론이 이미 자리 잡고 있기 때문이다. 그러므로 그런 사람들은 외계인이 없다고 인정해 버리면 자신의 세계관 전체가 흔들린다는 느낌마저 받는다.

그렇다면 성경은 외계 생명체에 대하여 뭐라고 말하는가? 여기서도 창세기 1장이 그 첫 번째 열쇠가 된다. 하나님께서는 지구를 먼저 창조하셨다. 지구는 특별하고도 특별한 하나님의 형상이 거하도록 창조된 곳이다. 지구는 첫째 날 창조되었으며 별은 넷째 날 창조되었다. 그리고 창조 기록 안에 별을 만든 목적에 대하여 분명히 기록하셨다. 징조와 사시와 일자와 연한을 이루라(창 1:14) 하나님께서 창세기 1장 1절에 "태초에" 하시며 시간을 창조하셨는데 그 창조하신 시간을 별을 보며 알 수 있다는 것이다. 그러니까 별을 만든 목적은 우리가 시간과 공간 속에 있는 존재임을 인식시켜 주는 동시에 특별히 하나님께서 창조하신 시간을 눈으로 확인하도록 하신 것이다.(실제로 우리 모두가 그렇게 하고 있지 않는가?) 그러니까 창세기 1장을 믿으면 UFO나 외계인 같은 허무한 것이 들어갈 틈이 없다.

다음으로 성경의 여러 곳에서 그 광대한 하늘과 완벽한 별을 보며 창조주 하나님을 찬양하라고 했다. 주의 손가락으로 만드신 주의 하늘과 주의 베풀어 두신 달과 별들을 내가 보오니(시 8:3) 하늘이 하나님의 영광을 선포하고 궁창이 그 손으로 하신 일을 나타내는도다(시 19:1) **너희는** 눈을 높이 들어 누가 이 모든 것을 창조하였나 보라(사 40:26) 성경 곳곳에서 하늘과 별을 보며 하나님을 인정하고 찬양하는 모습을 찾을 수 있다. 무한하신 능력과 보이지 않는 신성을 드러내고 있다고 했다.

외계인 영화와 공상과학 책의 공통점은 외계의 지적인 존재가 지구를 공격하는 장면을 그린다는 것이다. 넷째 날 별을 창조하시며 보시기에 좋았더라고 한 장면에서 어떻게 그런 모습을 그릴 수 있을까? 하나님께서는 어디에서도 별을 보며 그러한 허무한 것들에게 두려워하라고 하지 않으셨다. 오히려 그것들을 보며 뒤에 계시는 보이지 않는 하나님 자신을 생각하라고 했다. 빅뱅이론과 진화론에서 나온 UFO는 하나님께서 별을 창조하시면서 우리에게 말씀하시는 메시지를 차단시켜 버렸다.

UFO에 대한 세미나를 하다 보면 이런 질문도 받는다.

"외계인에 대하여 무시하면 우리 애들의 상상력이 떨어지는 것 아닌가요?"

"외계인의 존재를 무시하면 너무 좁은 마음을 갖는 것 아닌가요?"

이런 질문 이전에 우리는 이것을 깨달아야 한다. 그 상상력은 자기도 모르게 지구를 별들 중에 하나로 만들고, 자신은 보이는 것 중에 하나로 더 떨어져 버리게 하고, 결국 허무한 것에 두려워 하는 존재로 바꾸어 버린다는 것을 말이다. 무한한 상상력은 무한하신 하나님을 통해서 나온다.

역사적으로도 이들은 증명된다. 천문학의 4대 천재라고 하는 천체물리학자인 코페르니쿠스, 갈릴레오, 캐플러, 뉴턴 등은 성경을 철저하게 사실로 믿었던 사람들이다. 이들이 엄청난 천체물리학적 법칙을 이끌어낸 것은 그 마음에 하나님께서 디자인하신 하늘과 별을 관찰하고 있다는 기본적 믿음이 깔려 있었다. 그들은 그 법칙을 발견할 때마다 그 별을 디자인하신 하나님을 찬양했다. 그들이 발견한 것은 한결같이 하나님께서 우주에 심어 놓으신 과학적 법칙이었다. 그런데 천문학이 진화론과 빅뱅이론으로 지배된 이후에 어떠한 발전이 있었는가? 고도의 우주선을 쏴 올리는 기술은 발달했지만 과학적 '법칙'이 나오지 않는다.

최근의 천체 물리학자들이 시간과 노력을 가장 많이 할애하는 부분이 어디인가? 외계에 물이 있는 행성이 어디인지 찾는 것이다. 빅뱅의 증거를 찾는 것이다. 자신이 만들어 놓은 이론을 합리화할 블랙홀, 화이트홀 등의 모습을 찾는 데 여념이 없다. 그러니까 기원에 관한 과학자들의 세계관은 직접적으로 과학의 법칙을 이끌어야 하는 본연의 자세에도 바로 영향을 준다는 사실이다.

생명의 기원에 대한 강연을 할 때면 이러한 질문도 나온다.
"화성에서 물의 흔적이 발견되었다고 하던데요?"
"어느 위성에서는 얼음이 발견되었다고 하던데요?"

최근에 천문학자들은 태양계 행성이나 위성 가운데 물의 흔적을 발견하려고 안간힘을 쓴다. 그리고 흔적이라고 생각하는 것을 발표하기도 하고, 물은 아니더라도 수증기나 얼음의 존재가 있는 듯 하다고 추측하기도 한다. 그러나 발표된 대부분은 시간이 지남에 따라 사실이 아닌 것으로 결정이 났거나 여전히 추측으로 남아 있다.

그런데 이러한 발표를 하면서 끝에 항상 언급되는 것이 있다. 생명 존재의 가능성에 관한 것이다. 그러나 이러한 기사나 글을 읽으며 확실히 해야 할 부분이 있다. 설령 물이 발견된다 할지라도 물이 생명을 만드는 것이 아니라는 것이다. 지구에서 생명이 살기 위해 필수적인 것이 물이란 말이지 물이 생명을 잉태한다는 생각은 전적으로 진화론적 편견에서 비롯된 것이다. 이 천문학자들은 보이지 않는 하나님에게서 생명을 찾으려는 것이 아니라, 보이는 것에서 생명이 나왔다는 진화의 패러다임에서 생명을 찾으려는 것이다.

대저 생명의 원천이 주께 있사오니(시편 36:9) 생명은 물에서 나오는 것이 아니라 하나님께 있다. **스스로 지혜 있다 하나 우준하게 되어**(롬 1:22)는 하나님을 무시하고 보이는 것에만 집착하고 있는 모습의 결과를 잘 말해 주고 있다.

UFO 추종자들은 모여서 무엇을 할까? 이들이 두려워하면서도 만나고 싶은 것은 다름 아닌 외계인이다. 그러므로 많은 UFO 추종자들은 모여서 외계인이 오기만을 기다리고 '예배'한다. 인간이 그곳으로 갈 수 없으므로 그들을 만날 수 있는 가장 빠른 방법은 그들을 부르는 것이기 때문이다.

여기까지 왔으면 이제 그 정체가 드러난 셈이다. 하나님께 예배하지 못하게 하는 존재가 누구일까? 하나님 말고 다른 것을 두려워하는 것을 가장 기뻐하는 존재가 누구일까? 이렇게 조종하고 있는 존재가 누구일까? 바로 사탄이다. 우리는 허무한 것에 두려워하게 하고 허무한 것에 마음 빼앗기게 하는 그 배후에 있는 영적 세력을 볼 수 있어야 한다.

창조특강 Q&A **태양 너머에는?**

진화론은 자신도 모르게 지구가 우리의 어머니(mother earth)라는 생각을 전파했다. 이는 당연히 지구를 이루는 자연을 숭배하게 하고, 우리는 지구의 일부분이라는 사고를 갖게 하였지요. 즉, 생명을 잉태케 한 지구뿐 아니라, 우주의 수많은 별도 지구와 똑같은 진화를 통해 생명을 잉태한다는 상상까지 이어졌습니다. 바로 외계의 생명체를 그려 본 것이죠.

언뜻 보면 지구 밖의 생명체를 찾는 일은 우주에까지 생각을 넓혀 자신을 관대하게 여기게 합니다. 하지만 실제로는 하나님의 형상인 인간을 자연의 하나로 격하시켰을 뿐 아니라, 하나님께서 사람을 거하게 창조하신 지구♣ 역시 수많은 별 중에 하나로 전락시킨 결과를 가져옵니다. 더 깊숙한 내면에는 자신 스스로 하나님 없이 생명체를 만들고자 하는 욕심이 담겨 있기도 합니다. 창조자의 자리에 앉아 있는 것입니다.

분명히 밝혀 둘 것은 외계 생명체에 관한 것은 과학적 증거에서 비롯된 것이 전혀 아니라는 것입니다. 과학이 외계 생명체를 말하는 것이 아니라, 진화론적 마음이 외계인을 보고 있는 것이죠. 아직 물이 발견된 행성은 없으며, 물이 발견되었다 할지라도 그 물

♣ 여호와는 하늘을 창조하신 하나님이시며 땅도 조성하시고 견고케 하시되 헛되이 창조치 아니하시고 사람으로 거하게 지으신 자시니라 그 말씀에 나는 여호와라 나 외에 다른 이가 없느니라 (사 45:18)

이 생명체로 진화된다는 것은 과학적 논리가 아닙니다. UFO의 불빛이나 외계인에게 납치되었다는 수많은 이야기는 과학적이거나 실제 이야기가 아니지요. 미국항공우주국(NASA)에서 태양계 안에 생명체를 찾으려고 했던 프로그램*은 어떤 행성도 생명체의 흔적이 없다는 결과밖에 보여 주지 못했습니다.

1976년 바이킹 호 화성 탐사, 2004년 화성로버 탐사 등의 시도가 있었다.

그러면 성경에는 무엇이라고 말하는지 볼까요? 하나님께서 별을 만드신 목적을 보면 이를 이해할 수 있습니다. 첫째는 광명으로 주야를 나누게 하는데 목적이 있다고 했습니다. 첫째 날 만드신 빛에 의하여 낮과 밤이 생겼는데, 넷째 날부터 이 기능이 광명에게 맡겨졌죠. 둘째는 징조(signs), 사시(seasons), 일자(days), 연한(years)을 이루라 하셨습니다. 1절의 태초, 즉 시간을 창조하신 하나님께서 그 시간이 흐르는 것을 광명으로부터 알 수 있게 하셨다는 내용입니다.

실제로 우리는 별을 보며 날짜를 세고 한 해가 지난 것을 계산합니다. 사계절이 지나는 것은 추위와 더위 때문이 아니라, 태양빛과 지구의 각도에 의해 결정되는 낮의 길이로 정의되는 것입니다. 그러므로 태양을 만들면서 사시를 의미하시는 것은 아주 정확한 말씀입니다. 창세기 1장을 통해서도 하나님께서는 다른 별보다 지구를 먼저 창조하셨습니다. 지구는 특별하고도 특별한 장소인 것이죠. 우리는 별을 보며 무한하고 광대하신 창조주를 찬양해야 합니다. 하늘이 하나님의 영광을 선포하고 궁창이 그 손으로 하신 일을 나타내는도다(시 19:1) 라고 고백하도록 장소하셨으니까요.

처음이 완전했다
-창세기 1장의 중요성 (3)

창세기 1장에서 말씀하시는 세계의 모습은 지금과 다르다.
그곳은 처음의 완전했던, 창조의 생생한 현장이다.

첫째 딸 은지가 초등학교 2학년 때의 일이다. 한 번은 사무실에 앉아 있는데 내게 다가와 말했다.

"아빠, 나도 할머니 되면 죽는 거야?"

은지가 왜 갑자기 이런 질문을 던졌는지 자세히는 알 수 없었지만 순간적으로 하나님께서 복음을 전할 기회를 주셨다는 생각이 들었다. 평상시에도 예수님에 대한 이야기는 해 왔지만 늘 엄마 아빠의 일방적인 설명만 해 준 것 같아 그 속마음이 궁금했다. 그런데 이번에는 자기 스스로 대화의 문을 열고 찾아온 것이다. 언젠가는 직접 은지와 은실이에게 진지하게 복음을 전하겠다는 생각을 해 왔는데, 지금이 그 순간이었다. 더군다나 사실을 전하는 것이 아빠 사역인데 어쨌든 딸의 질문에 사실로 답해야 하는 것이 도리가 아니겠는가?

"은지야, 은지가 할머니가 되어야 죽는 것 아니야. 은지는 지금도 죽을 수 있어."

"네?"

눈이 똥그래졌다.

"병에 걸려서도, 교통사고를 당해서도."

처음은 놀랐는데 듣고 보니 아빠 말이 맞는 것 같다는 표정이다.

"은지야 사람은 늙기 때문에 죽는 것이 아니야. 사람이 왜 죽는지는 아무도 몰라. 과학자들도 몰라. 그런데 성경에서는 사람이 왜 죽는다고 했지?"

"죄요."

"그러면 은지도 죄인이야?"

"네."

인간의 타락 할렘. 1592.

사실 여기서 잘 모르겠다고 대답하면 얘기가 조금 길어질 것이라고 생각했는데 대답이 빨리 나왔다. 아마도 엄마 아빠가 이제까지 말해 온 내용이 자동으로 나온 것 같았다. 그래도 죄에 대하여는 분명하게 해 두어야 할 부분이라고 여겨졌다.

"왜 죄인이야?"

"가끔씩 동생하고 싸우고 엄마 맏두 듣지 않을 때 있어요."

"은지 정말 잘 알고 있구나. 그런데 죄는 하나님 말씀을 듣지 않는 것이야. 은실이와 잘 지내고 엄마 말 잘 들으라고 누가 그랬지?"

"하나님이요."

"그래, 그러니까 죄를 짓고는 하나님한테 갈 수 없는 거야. 그러면 은지도 죽어야겠네?"

고개를 끄덕였다.

"하나님은 처음에는 사람이 죽도록 창조하지 않으셨는데 죄를 짓고 난 다음부터 죽게 된 거야. 그러면 뭐가 해결되어야 영원히 살 수 있을까?"

"죄요."

"그래서 하나님이신 예수님께서 모든 사람을 위해 십자가에서 돌아가신 거야. 그래서 우리가 죄 때문에 죽어야 하는데 예수님께서 대신 돌아가신 거야. 그리고 예수님께서 자신을 위해 돌아가신 것을 믿는 사람은 죄가 해결되었으므로 하나님과 영원히 살수 있는 거지. 이제 은지는 예수님께서 은지를 위해 십자가에 돌아가신 것을 믿어?"

"네."

자신 있는 목소리였다.

"그러면 이제 하나님과 함께 영원히 사는 거야?"

"네."

은지 얼굴이 아주 밝았다. 지금까지 수없이 들어 왔던 예수님의 이야기가 정리되면서 자신과 상관 있는 말씀이란 것을 분명히 알게 되었다는 표정이었다. 은지를 의자에 앉혀 놓고 그 앞에 무릎 꿇었다.

"이제 아빠가 하는 기도를 따라 해, 알았지?"

예수님 영접기도를 또박또박 따라 하는 은지의 목소리를

듣는데 이제는 확실히 은지와 영원히 함께 살 수 있다는 생각이 들어 마음이 뜨거워졌다.

은지가 예수님을 영접한 후 얼마 지나지 않아 밖에서 놀다가 들어와서는 손을 내미는 것이었다. 손가락이 나무 가시에 찔린 것이었다. 빼려고 하니 손도 못 대게 했다. 간신히 어르고 달래서 핀셋으로 뽑아내었다. 뽑으면서 지난번 복음을 보충하는 절호의 기회라는 생각이 들었다.

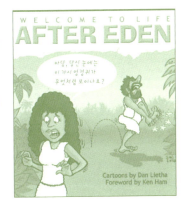

"은지야 많이 아팠지?"

고개를 끄덕였다.

"은지가 왜 가시에 찔렸는지 알아?"

예상치 않은 물음에 나를 빤히 쳐다보고 있었다.

"하나님께서 창조하실 때마다 뭐라고 하셨지?"

"보시기에 좋았더라고요."

"그래 하나님께서 창조하셨을 때는 보시기에 정말 좋았어. 그러면 하나님께서 창조하셨을 때는 은지를 아프게 한 가시도 없었겠지?"

은지가 흥미를 보였다.

"그런데 언제 가시가 생겼을까? 아담과 하와가 에덴동산에서 어떻게 했지?"

"선악과를 따 먹었어요"

"그래서 그 죄의 결과로 우리가 죽게 되었고 하나님께서는 땅에 가시덤불이 생기게 하신 거야. 그러니까 죄가 들어오기 전에 하나님께서 처음에 창조하셨을 때는 가시도 없었겠지?"

"맞아요!"

"은지는 가시도 없는 하나님께서 처음 지으셨던 곳과 같은 곳에 갈 수 있을까?"

"네."

"그 좋은 곳에 어떻게 갈 수 있어?"

"예수님을 믿으니까요."

은지는 하늘나라의 모습이 이전보다 구체적으로 잡혀간다는 표정이었다.

또 다른 창세기 1장의 중요성은 여기에 있다. 창세기 1장은 성경을 제외한 모든 세계관을 출발부터 차별화시키기 때문이다. 많은 사람들은 바로 세속적 세계관과 차별화시키는 이 부분 창세기 1장이 가장 중요한 점이라고 말하기도 한다. 우리는 언제가 완전했는가? 하나님께서 지으신 피조물은 언제가 완전했는가? 처음이 완전했다! 우주는 "처음에(in the beginning)" 완전했다. 하나님께서 창조하시는 순간마다 "보시기에 좋았다." 왜냐하면 하나님께서는 지극히 선하시고, 지극히 전능하시고, 지극히 완전하신 분이기 때문이다. 완전한 분이 창조하셨기 때문에 그에게 나온 모든 것은 완전했다.

창세기 1장을 제외하고 사람이 제안한 어떤 창조 모델도 처음이 완전했던 모습을 그리지 못했다. 창세기 1장을 진화론과 조화시키려고 애썼던 어떤 신학적인 노력도 하나님의 처음이 완전했다는 창조의 모습을 그리지 못했다. 어떻게 창세기 1장을 진화론자들이 말하는 긴 시간에 끼워 맞출까 노력했던 여러 모델도 6일 동안 모든 것을 창조하신 것과 같이 완전한 모습을 그릴 수 없었다. 오직 창세기 1장의 내용과 순서를 그대로 받아들일 때만 완전한 첫 모습을 그릴 수 있었다.

만약 교회에서 진화론자들이 내세우는 멸종과 진화가 반복되는 지질시대표를 받아들이면 사람이 창조되기 전에 이미 수많은 생물이 죽어야 한다. 지질시대표에 그려진 수억 년 동안 반복된 멸종이 사실이라면 하나님을 거짓말하는 분으로 만드는 것이다. 그 생물을 창조했다 죽였다 하는 시행착오를 반복하시면서 여전히 "보기에 좋다"라고 감탄하셨으니 말이다. 진화론 때문에 성경이 무너질까 봐 두려워서 창세기 1장과 진화론의 조화를 시도했던 어떤 신학적 노력도 "처음부터 완전하고 선했다."는 모델을 만든 적이 없다. 그도 그럴 것이 우리의 눈을 어둡게 하려고 사탄의 유혹에서 나온 진화론을 하나님의 창조 사실인 창세기 1장과 조화롭게 한다는 것 자체가 모순이 아닐 수 없다.

인류 기원과 세계관을 주제로 세미나를 인도할 때 결론부분에 참석자들에게 자주 던지는 질문이 있다.

"사람이 완전했던 적이 있습니까?"

"아니요!"

이럴 땐 추가 질문이 필요하다.

"사람이 죄 없던 적이 있습니까? 언제 없었습니까?"

"아담과 하와 때요!"

"그렇다면 죄가 없었던 때는 완전한 하나님의 형상이었겠지요?"

홍수 전후의 환경 변화-빙하

빙하는 일반적인 생각처럼 지구 전체의 기후가 추웠다는 조건만으로 일어날 수 없다. 왜냐하면 지구 전체가 추웠다면 바다도 차가워져 증발량이 동시에 줄어들기 때문이다. 그러므로 빙하시대 해석을 위해서는 물의 증발은 빨랐지만 대기는 추워야 하는 특별한 지구환경의 모델이 필요하다. 노아 홍수의 "모든 깊음의 샘들이 터지는" 사건은 화산 활동을 의미하고 이때 바다와 육지의 물이 뜨거워져 엄청난 양의 수증기가 대기 중으로 증발되고 화산재는 태양빛을 차단하여 공기의 온도를 내려갔을 것이다. 이러한 노아 홍수 이후의 전 지구적 폭설과 추위가 수백 년 동안 유지됐을 것으로 보인다.

그렇다. 우리는 처음이 완전했다. 점점 좋아진 것이 아니다. 처음이 가장 건강했고, 처음부터 완전한 말을 했고, 처음이 가장 똑똑했고, 처음엔 죄도 없었고, 처음엔 죽음도 없었다. 첫 결혼이 완전했다. 우리는 처음이 완전했다.

성경에는 예수님을 마지막 아담이라고 표현한다.

"아니 도대체 예수님을 왜 아담이라고 하는 거야? 기분 나쁘게. 아담은 선악과를 따 먹어 모든 인류가 사망으로 가도록 했는데 말이야."

나도 처음에는 예수님이 아담이라는 내용을 읽을 때 이해가 잘 되지 않았다. 그런데 정말로 예수님께서는 아담의 몸으로 오셨다. 아니 아담의 몸으로 오셔야만 했다. 죄 짓기 전의 아담의 몸으로 말이다. 예수님께서는 바로 죄 없었던 상태로 오셨어야 했으며 아담이 바로 자신의 형상으로 창조되었던 존재이기 때문이다. 그러니까 예수님은 완전했던 창조 때 아담의 모습이었다. 그러나 그분께서는 죄 없이 돌아가신 것이다. 아담은 죄를 지었지만 예수님께서는 십자가에서 돌아가시기 전까지 단 한 번의 죄도 짓지 않으셨다! *아담 안에서 모든 사람이 죽은 것같이 그리스도 안에서 모든 사람이 삶을 얻으리라*(고전 15:22).

진화론은 바로 처음 완전했던 모습을 공격한다. 처음은 동물 같았는데 점점 똑똑해졌다고 말한다. 창세기 1장을 진화론과 끼워 맞추려는 시도는 처음 완전했던 시작을 흐릿하게 해 버린다. 처음 완전했던 아담의 모습만 무너뜨리면 복음이 들어갈 틈이 없다. 예수님이 아담이었다는 성경 구절도, 예수님이 죄 없었다는 의미도, 그분이 십자가에 돌아가셨다는 것도, 하늘나라의 소망도 다 무너진다.

노아 홍수 세미나를 인도할 때 빠지지 않고 접하는 질문 하나가 있다.

"홍수 전에 사람들이 900살 이상 어떻게 살 수 있어요?"

물론 과학적인 접근으로 홍수 이전과 이후의 환경 변화♣의 예를 들면서 설득력 있게 설명할 수 있다. 그러나 아담은 원래 죽지 않도록 창조되었다는 것이 우리 마음에 이미 있다면 므두셀라가 969살 살았다는 기록이 아니라 1만 년 이상 살았다 해도 이상할 것이 없다. 우리는 원래 죽지 않도록 완전하게 창조되었기 때문이다. 오히려 900백 살 이상 살았던 사람도 결국에 모두 죽었다는 것이 중요하다. 우리는 처음이 완전했으며 하나님께로부터 멀어짐으로 인해 우리 자신과 주위 환경이 악화되고 있다. 그것들은 멸망할 것이나 오직 주는 영존할 것이요 그것들은 다 옷과 같이 낡아지리니, 의복처럼 갈아입을 것이요 그것들이 옷과 같이 변할 것이나(히 1:11-12) 이것이 죄가 들어온 후에 하늘과 땅이 변화되는 모습이다.

2004년 12월 말 세계를 경악시켰던 사건이 있었다. 바로 인도네시아에서 발생하여 30만 명의 생명을 앗아간 쓰나미♣다. 쓰나미 재난 직후에 젊은 학생들에게 자주 받던 질문이다.

"하나님께서는 사랑이 하나님이신데 왜 이러한 자연 재해를 일으키시는 것입니까? 거기에는 더군다나 믿는 사람들도 죽지 않았습니까?"

바른 성경적 세계관을 가진 기독교인이라면 이 질문의 대

쓰나미 해저지진이나 화산폭발에 의한 해일을 쓰나미(tsunami)라고 부르는데 시속 640km 이상의 빠른 유속과 39m의 파도로 엄청나게 먼 거리를 달려간다.
역사적으로 20세기 최대의 지진으로 불리는 1960년의 칠레지진(진도 9.5)에 의한 쓰나미는 시속 840km와 15m 파고로 시작하여 태평양을 가로질러 일본에 도달할 때 9.6m 파고를 유지했고 1965년에 알래스카 지진(진도 8.6)으로 인한 쓰나미는 알래스카에서만 115명의 사망자를 내기도 했다.

답은 너무 간단하다. 그럼에도 이는 가장 난해한 질문 중에 하나로 꼽힌다. 그 이유는 창세기 1장에서부터 이 질문에 답변하려는 것이 아니라 자신이 살고 있는 지금에서부터 풀어나가려고 하기 때문이다. 처음이 완전했고 지금은 창조 당시의 모습이 아니라는 성경적 역사가 머릿속에 있다면 어려운 질문이 아니다. 하나님의 처음 창조의 모습은 완전했으나 지금의 모습은 아담과 하와의 범죄 이후에 저주하신 땅이다. 더군다나 지금 보고 있는 산과 강의 모양은 인간의 죄악이 관영하였기 때문에 물로 심판하셨던 흔적, 그러니까 더욱 악화된 환경에 살고 있는 것이다.

그러므로 자연재해에 대한 질문도 처음이 완전했었다는 세계관에서 시작하지 않으면 이해할 수 없는 것이다. 지금의 자연재해나 은지를 찌른 가시는 하나님의 성품이라기보다 우리 죄의 결과다. 이러한 육체적 어려움뿐 아니라 자신에게 일어나고 있는 모든 어려움의 궁극적인 원인도 죄의 결과이다. 그러므로 이러한 질문을 받았을 때 오히려 진화론에 젖어 있는 부분을 깨닫게 해 주어 복음을 분명하게 심어 줄 수 있다.

창세기 1장에 대한 믿음이 사라지면 처음의 완전한 모습을 찾을 길이 없다. 그리고 예수님도 잃고 하늘나라의 소망도 사라지고, 지금 왜 어려움을 겪고 있는지 궁극적인 답마저 사라진다.

창세기 1장을 잃어버리면 안 된다. 보이지 않는 영원하신 능력과 신성을 가지신 하나님께서 이 세상을 어떻게 시작하셨는지 자세히 기록된 유일한 곳이기 때문이다. 창세기로 돌아가자! 모든 신앙의 기초가 되는 창세기로 돌아가자. 하나님께서 첫 번째로 하셨던 말씀으로 돌아가자. 보이지 않는 하나님이 보이는 것을 창조하신 생생한 현장에서 시작하자.

창조특강 Q&A **어떤 순서로 만드셨을까?**

> 땅이 혼돈하고 공허하며 흑암이 깊음 위에 있고
> 하나님의 신은 수면에 운행하시니라 (창1:2)

창세기 1장의 창조 이야기를 순수하게 읽으려면 진화론적 사고에서 완전히 벗어나야 합니다. 그러나 이것이 우리에게 정말로 가능할까요? 실제로 우리 스스로 진화론적 사고에서 완전히 벗어나는 것은 불가능할 수도 있습니다. 그렇기 때문에 우리가 창세기 1장을 완전히 믿을 때 진화론에서 벗어난다는 말이 맞는지도 모릅니다. 만약 창세기 1장을 읽으면서 이해가 안 되는 부분이 있다면, 그 부분만큼 진화론적 사고가 남아 있다는 이야기지요. 다시 말하면 우리는 스스로 진화론적 사고에서 완전히 벗어날 수 없습니다. 교육을 그렇게 받았을 뿐 아니라, 우리의 한정된 사고로는 도저히 완벽한 창조를 그릴 수 없기 때문입니다. 그러므로 성경의 도움이 절대적으로 필요하지요.

지구에 대한 묘사를 보여 주는 부분입니다. 여기서 땅은 혼돈하고 공허하였다고 하였지만 영어와 원어에서는 formless(tohu, 토후) and void(bohu, 보후), 즉, 형태를 정할 수 없고 비어 있다는 물리적 모양을 묘사하고 있습니다. 하나님의 창조는 무질서(chaos)와 어울리지 않는 것이지요. 성경적 순서는 하나님의 완전한 창조가 인간의 타락으로 무질서하게 된 것이지, 하나님께서 무질서를 먼저 창조하지 않으셨으며, 무질서의 과정을 사용하지도 않으셨다는 것입니다.

이어지는 묘사는 아직까지 빛의 창조 이전이기 때문에 온 세상이 깜깜한 흑암의 깊음 위에 있었다고 말합니다. 다음 구절이 재미있는데요, 바로 하나님의 신은 수면에 (surface of water)에 운행하시니라(창 1:12)는 부분에서 처음으로 특정한 물질인 '물(水)'이 언급되고 있습니다. 과학자로서 눈이 번쩍 뜨이는 단어가 아닐 수 없습니다. 처음 하나님께서 창조하신 지구는 물의 지구(Watery Earth)였다는 것이죠. 물은 우리가 잘 알다시피 화학식으로 H_2O입니다. 재미있는 것은 성경에 처음 언급된 물질이 물질 중에 가장 단순한 것이 아니라는 것이죠. 물보다 더 단순한 것이 많이 있습니다. 수소, 산소, 핵, 소립자, 미립자…. 만약에 우주의 시작이 이와 같은 물질로 시작했다면 어떻게 되었을까요? 분명한 답은 그 이상의 진전이 불가능하다는 것입니다. 수소나 산소에서 시작했다면 폭발만 일어났을 것이고, 핵에서 시작했다면? 소립자에서 시작했다면? 더욱더 미궁 속으로 빠져 들어갑니다. 시작이 단순한 것에서 되지 않았을 뿐 아니라, 그래서도 안 됩니다. 진화론은 여기서부터 하나님의 창조 방법과는 뜻을 달리 하고 있습니다. 진화론자들은 자꾸만 단순한 것에서 시작하고 싶어 하거든요. 전능하신 하나님의 능력과 신성을 자신의 좁은 사고를 통해 생각해 내려 할 때 생기는 한계입니다.

　진화론은 처음부터 완벽한 것을 창조했다는 하나님의 창조 원리에 정면으로 도전합니다. 하지만 사실이 아니기 때문에, 과학적 논리로도 어쩔 수 없이 사실인 성경에 의해 여지없이 무너지고 말지요. 결국 성경을 통하는 것이 진화론의 근본적인 허점을 발견하는 지름길이 되고 있습니다. 성경을 믿지 않는 한 우리는 진화론에서 완전히 벗어날 수 없습니다. 성경을 통해서 창조 사실을 믿고 배우는 것이지, 우리의 경험과 한계 있는 지식을 통하여 완전한 창조를 이해하는 것은 아닙니다.

5

성경은 진정한
과학 교과서이다

답이 있잖아

성경은 과거에 일어난 사실을 기록한 답안지다.
이를 통해 인류의 기원이나 지층의 형성, 화석의 문제 등이
명쾌하게 해결된다.

　미국 창조과학연구소가 일반 학교와 다른 점은 교실로 들어갈 때 항상 성경을 들고 간다는 것이다. 앞에서 언급한 것처럼 기존 지질학을 일반 학교에서 공부했던 나에게 항상 신바람을 안겨 주는 부분이었다.
　교수마다 조금씩 차이가 있는데 지질학과장인 오스틴 박사는 수업 시간의 거의 삼십 분 이상을 헌신의 시간으로 할애한다. 이 시간은 성경 공부를 할 때도 있고 기도 제목을 놓고 나눌 때도 있다. 그런데 이 성경 공부가 아주 재미있다. 예를 들면 지질학적 용어를 놓고 그 용어가 등장하는 성경의 모든 부분을 찾아서 배우는 것이다. 성경에 나오는 이야기는 시공

간 상에 일어난 역사적 사실인고로 그 용어에 있어서도 사실적이란 것을 실감하게 되는 시간이다.

예를 들면 지진에 대하여 배울 때면 성경에 나오는 지진에 관한 사건을 모두 모아 배운다. 아모스 1장에 언급된 지진, 예수님께서 돌아가실 때 성전 휘장이 찢어지며 일어난 지진, 바울과 실라가 빌립보 감옥에서 찬양하는 가운데 일어난 큰 지진 등 성경에 언급된 지진을 모두 다룬다. 화산을 배울 때도 그렇고 강, 산, 홍수 등에 관한 내용도 성경 안에서 실감 있게 이해되도록 배운다. 이 방법은 앞에서 말한 것처럼 내가 미시간에 있는 코너스톤 기독교대학에서 지질학 강사 생활을 할 때 그대로 적용되기도 했다.

오스틴 박사는 석탄에 관한 연구로 박사학위를 받았다. 석탄에 관한 가장 보편적인 이론은 오랜 세월 동안 늪지대에서 나무가 쌓이고 쌓여서 탄화되었다고 하는 습지이론이었으나, 오스틴 박사는 노아 홍수와 같은 전지구적인 격변이 석탄 형성의 배경이라고 발표했다. 즉, 지진을 수반한 전 지구적인 홍수 조건에서 뿌리째 뽑힌 수많은 나무가 거대한 매트처럼 물에 뜨고, 반면에 느슨하고 무거워 가라앉은 나무껍질은 위로 밀려온 흙에 덮인 후 열과 압력으로 탄화되었다는 매트이론이었다. 당시 동일과정설 패러다임에 갇혀 있던 지질학자들이 받아늘이긴 힘든 모델이었다. 그러나 지질학자들은 이론 자체보다는 전 지구적인 격변을 받아들일 수 없어 반론을 폈다.

석탄은 정확하게 무엇인가? 석탄은 식물의 탄화된 잔재이다. 나뭇잎이나 나뭇가지를 땅에 내버려 두거나 태우면 탄화가 되지 않고 산화되어 썩어 버린다. 그러므로 산화가 아닌 탄화가 일어나는 환경이 필요하다. 그런 면에서 석탄은 숯과 비슷하다. 숯을 만들려면 공기를 차단해야 하는데 그렇지 않을 경우 나무가 재가 되어 버리기 때문이다. 석탄도 마찬가지로 탄화가 되기 위해서는 공기가 차단되어야 하며 열이 가해져야 한다. 실제로 숯이 짧은 시간에 만들어지는 것과 마찬가지로 석탄도 실험실에서 몇 시간 안에 만들 수 있다.

재미있는 것은 현미경으로 보면 석탄은 나무 자체나 뿌리보다는 대부분 나무껍질로 구성되어 있다는 사실이다. 석탄이 형성되는 동안 나무와 껍질이 분리되는 설득력 있는 과정이 설명되어야만 하는 것이다. 그런데 습지이론은 그 과정을 제대로 제시하지 않는다. 그럼에도 동일과정설적 사고로 거의 백여 년 동안 습지이론이 석탄 형성 과정으로 자리잡고 있었다는 것은 특이한 일이다. 아울러 석탄은 지구상에 엄청난 양이 존재하는데 그러한 대규모의 나무껍질은 과연 어디서 왔단 말인가? 자연적인 습지 환경에서는 도저히 불가능한 일이다.

그런 면에서 오스틴 박사가 제시한 홍수이론은 나무 자체와 나무껍질이 분리되는 과정을 잘 설명한다. "모든 깊음의 샘들과 하늘의 창들이 열린 천하의 높은 산이 물로 덮인" 노아 홍수 같은 전지구적인 격변만이 그 해답을 줄 수 있다. 그러니까 엄청난 지진이 수반되었으며 이로 인해 수많은 나무들이 뿌리째 뽑히고, 물 위에 대형 매트처럼 떠 있게 되었을 것이다. 반면에 나무껍질은 물에 의해 느슨해져서 나무와 분리되고 물을 먹어 무거워져서 물밑으로 가라앉아 퇴적되고 탄화되는 과정을 그려볼 수 있다. 이러한 전지구적인 노아 홍수 격변만이 나무껍질로 주로 이루어진 석탄의 양상과 전 세계적 분포를 설명할 수 있다.

이러한 석탄 형성에 관한 홍수이론으로 박사논문을 발표할 때에 지질학자들이 의아해 하기도 했다. 하지만 십 개월도 되지 않아 오스틴 박사의 매트 이론을 실제로 증명시킨 지질학적 사건이 발생하였다. 바로 1980년 미국 서부 워싱턴 주에서 분출한 세인트 헬렌산의 화산 폭발이다. 이 화산은 주로 화산재를 분출하는 대규모 폭발이었는데 지질학자들에게 많은 지질학적 궁금증을 풀게 하는 열쇠를 제공했다. 그중 하나가 바로 석탄에 대한 내용이었다. 화산으로 인한 지진으로 나무가 뿌리째 뽑혀 약 백만 그루의 나무가 근처의 스피릿 호수로 밀려왔는데 이 나무들이 마치 뗏목처럼 호수 위에 떠 있었던 것이다. 그런데 더욱 재미있는 것은 이들이 호수로 밀려온 지 얼마 되지 않아 떠 있던 대부분의 나무 껍질이 보이지 않는 것이었다. 그 나무껍질은 모두 어디로 간 것일까? 놀랍게도 나무들이 호수로 몰려온 지 얼마 되지 않아 나무껍질은 본체에서 떨어져 물 아래로 모두 가라앉았다. 즉, 나무와 껍질이 분리되는 과정이 물 위에 떠 있는 짧은 시간 동안 일어난 것이다. 호수 밑으로 스쿠버 장치를 하고 조사해 보았더니 가라앉은 나무

세인트 헬렌산 화산 폭발 당시 호수로 밀려와 껍질은 벗겨지고 본체만 떠 있는 나무들.

껍질이 1m가량 쌓여 토탄이 되어 있는 것이 아닌가! 이들이 열을 받아 탄화되면 바로 나무껍질 구조를 보이는 석탄이 되는 것이다.

세인트 헬렌산의 화산 폭발은 오스틴 박사가 제안했던 석탄 형성에 대한 매트이론을 정확하게 재연한 것이었다. 분명한 것은 세인트 헬렌산의 규모는 지금 우리가 보고 있는 석탄층과는 비교할 수 없을 만큼 작다. 그렇다면 오스틴 박사가 주장했듯이 오늘날 발견되는 석탄은 지구 전체에 걸쳐 일어난 노아 홍수 조건이 아니면 설명하기 힘든 것이다.

이 매트이론은 식물 화석에 대한 지질학의 궁금증을 쉽게 풀어 주기도 한다. 나무껍질이 대부분인 석탄은 지구상에 대규모로 쉽게 발견되는데 실제로 나무 자체나 뿌리 화석은 석탄에 비해 극소량이 발견된다. 그 나무들은 모두 어디로 사라진 것일까? 만약 습지에서 오랜 세월 동안 나무들이 쌓여서 석탄이 되었다는 이론이 옳다면 나무가 사라진 것은 정말로 궁금한 일이 아닐 수 없다. 이는 그동안 지질학계에서 오랫동안 간직해 온 궁금증 중 하나이다. 그러나 매트이론은 이를 쉽게 해결해 준다. 화석은 물에 떠 있다고 만들어지는 것이 아니라 갑작스런 매몰에 의해서 형성된다. 그러므로 노아 홍수 때 나무들은 물 위에 떠 다녔을 것이고 이들은 나무껍질보다 상대적으로 화석으로 남아 있기 어려웠던 것이다. 떠 다니다가 썩어 없어져 버렸을 테니까 말이다. 반면에 나무껍질은 무거워져 가라앉은 다음 밀려오는 흙더미에 매몰되었을 것이다.

창조과학연구소 시절에 이 이야기를 직접 듣고 나서 오스틴 박사에게 물어보았다.

"자신의 논문이 증명되었으니 정말 기뻤겠군요!"

오스틴 박사는 이마에 주름살을 만들며 특유의 무표정한 얼굴로 간단하게 대답했다.

"We have the answer. (우리에겐 답이 있다.)"

우리에겐 답이 있다. 전 지구에 펼쳐 있는 엄청난 양의 석탄이 어떻게 만들어졌는지는 어려운 문제이다. 답을 먼저 펴 보지 않은 사람들은 오늘날 석탄이 만들어지지 않기 때문에 단지 '오랜 시간'만을 주장해 왔다. 그러나 시간이 해결할 문제가 아니라 대규모의 '사건'이 해결할 문제인 것이다. 바로 우리의 진짜 역사인 성경에 나와 있는 사건 말이다. 답을 보면 간단하지만 답을 보지 않고는 미궁 속에서 헤맬 수밖에 없는 것이 바로 과거에 무슨 일이 일어났는가 하는 문제다. 생물과 인간의 기원에 관하여도 종류대로와 하나님의 형상이라는 답을 먼저 보았을 때 얼마나 분명한가? 왜냐하면 우리에겐 답이 있기 때문이다. 그러나 답을 답이라고 하지 않으면 이들 모든 궁금증은 도저히 풀 수 없는 어려운 문제가 되어 버린다. 그런 면에서 "우리에겐 답이 있다."는 오스틴 박사의 말은 과거에 대한 모든 질문에 대한 함축적인 답변이라 할 수 있다.

현대 지질학은 기본적으로 진화론적 사고 위에 세워졌을 뿐 아니라 진화론을 주도해 왔다고 해도 과언은 아니다. 화석, 화산, 석탄, 석유 등을 진화의 증거로 해석해 왔고 고생대, 중생대, 신생대라는 지질시대를 만들어 냈다. 방사성 동위원소 연대측정법으로 수십억 년 하는 늙은 지구를 만들어 낸 것도 진화론적 지질학자들의 발명품이다. 반면에 진화론적 사고에서 벗어나서 지질학을 하면 역으로 성경을 완전히 지지하게 되는 창조론자로 변하게 된다. 즉, 지질학자들은 다른 학문과 달리 진화론과 창조론 사이에 중립적 태도를 취하기 아주 어렵다. 그래서 미국의 창조과학을 이끄는 사람들을 보더라도 지질학자가 많으며, 그들이 창조과학을 이끌고 있는 모습을 쉽게 발견할 수 있다.

스티브 오스틴(Steven Austin) 박사를 포함하여 미국창조과학연구소의 존 모리스(John Morris) 연구소장, 암석학의 앤드류 스넬링(Andrew Snelling), 지구물리학계의 대가인 존 밤가드너(John Baumgardner)를 그 대표 주자로 들 수 있다. 그리고 진화론자의 대부였던 고생물학자인 하버드의 스테판 굴드(Stephen Gould)의 제자로 창조과학을 이끌고 있는 커트 와이즈(Kurt Wise) 등도 꼽을 수 있다. 이들의 간증을 들으면 연구소장인 존 모리스를 제외하고는 지질학을 시작할 때는 진화론자였으나 창조과학을 만나 오히려 성경이 사실임을 알게 된 사람들이다. 그러므로 이들은 한결같이 지질학을 공부하는 가운데 갈등의 시간을 겪었던 간증을 갖고 있다.

오스틴 박사는 그밖에 그랜드캐년에 대한 연구도 유명하다. *Grand Canyon Monument to Catastrophe* (그랜드캐년 그 격변의 기념비)라는 책에서 그랜드캐년이 퇴적되는 것과 침식되는 모든 과정이 노아 홍수의 격변을 통하지 않으면 불가능하다는 것을 잘 설명하였다. 이 책은 그랜드캐년에 대해 지금까지 나온 어떠한 책보다 구체적인 책으로 평가되며, 격변론적 지질학자들에게 그랜드캐년에 대한 교과서처럼 사용되고 있다. 그는 책의 도입 부분에서 이렇게 썼다.

"우리 주님은 그분께서 우리에게 행하신 일을 쉽게 잊어버릴 것이라는 것을 잘 알고 계셨습니다. 잘 잊어버릴 뿐 아니라 그 행하신 일을 다음 세대에게 잘 전달하지도 않을 것을 알고 계셨습니다. 그런 면에서 그랜드캐년은 잘 잊어버리는 우리에게 하나님께서 남겨 주신 기념비입니다."

여호수아가 이스라엘 자손 중에서… 열 두 사람을 불러서… 지파대로 각기 돌 한 개씩 취하여 어깨에 메라. 이것이 너희 중에 표징(sign)이 되리라. 후일에 너희 자손이 물어 가로되 이 돌들이 무슨 뜻이뇨 하거든…이 돌들이 이스라엘 자손에게 영영한 기념(memorial)이 되리라 하라(수 4:4~7)

여호수아서의 구절을 인용하면서 그랜드캐년을 노아 홍수의 기념비로 표현하였다. 그랜드캐년만 기념비겠는가? 눈에 보이는 모든 산과 강이 하나님께서 홍수 심판을 하셨던 흔적이며 그 기념비라 할 수 있다. 이들 모두는 과거에 있었던 사실을 기록한 답안지인 성경을 통해서만 이해될 수 있다.

창조특강 Q&A 석탄은 어떻게 만들어질까?

석탄의 형성에 대한 이론은 크게 두 가지로 나눌 수 있습니다. 하나는 석탄이 발견된 현재의 자리에서 식물이 쌓여서 만들어졌다는 습지이론입니다. 즉, 식물은 그 자라난 자리에서 죽고 그 곳에서 오랜 기간이 지난 후에 그 자리에서 석탄으로 변했다는 이론입니다. 진화론자들이 선호하는 이론은 오랜 시간을 필요로 하는 습지이론입니다. 그러나 이는 관찰에서 얻어진 이론이 아니며 실제로 이러한 과정에 의해서 석탄이 형성된 경우가 발견된 적도 없습니다. 소규모로 탄화가 일어나는 경우는 있을 지라도 단단하게 굳은 석탄이 만들어지지는 않습니다.

다른 하나의 이론은 석탄의 원래 식물은 자신이 자라던 곳에서 만들어진 것이 아니라, 다른 곳에서 이동해 와 현재 석탄의 위치에 도달했다는 이론입니다. 이를 이동퇴적이론 또는 홍수이론이라고 부릅니다.

석탄층에서 나무 둥지나 식물 줄기가 종종 발견되기도 하지만, 이들이 완전히 탄화된 경우는 잘 관찰되지 않습니다. 현미경으로 보면 석탄의 대부분은 나무나 줄기 자체라기보다는 나무껍질(bark)로 구성되어 있는 것을 보여 줍니다. 석탄 속에서 나무나 줄

기들이 발견되더라도 그들이 먼 곳에서 이동한 흔적을 잘 보여 줍니다. 나무의 뿌리는 발견되지 않고 나무의 껍질도 벗겨져 있습니다. 더군다나 원래의 자리에서 퇴적되었다면 석탄층 안에 다량의 토양이나 이들과 함께했던 생물이 함께 발견되어야 하는데 그렇지 않습니다. 또한 석탄층에서 발견된 나무들을 보면 소나무, 야자나무, 단풍나무, 버드나무와 같은 늪지 식물이 아닙니다.

  이러한 증거들은 석탄은 분명히 제자리에서 만들어진 것이 아니라 어디에선가 이동된 다음에 탄화된 것임을 보여 줍니다. 그러므로 석탄의 형성을 설명하는 데 반드시 필요한 것은 나무와 나무껍질이 분리되는 타당한 설명이 있어야 합니다. 우리는 그 열쇠를 성경에 기록된 노아 홍수에서 찾을 수 있습니다. 깊음의 샘들이 터지면서 발생한 지진으로 뿌리째 뽑힌 나무들은 물위에 뜨지만 무거워진 나무껍질은 가라앉아 물 밑에 두꺼운 나무껍질 퇴적층이 형성된 것입니다. 그 이후에 열을 받아 탄화되어 석탄으로 남게 된 것입니다. 그 많은 나무껍질들을 탄화시킬 만큼의 열과 압력을 일으킬 갑작스런 매몰은 노아홍수의 모델과 잘 맞아 떨어집니다. 지금보다 울창한 삼림이었을 홍수 이전과, 깊음의 샘들이 터지고 하늘의 창이 열리는 사건에 의해서 나무들이 뿌리째 뽑혀 이동하여 매몰된 그 사건만이 석탄을 형성한 대격변을 잘 설명합니다.

두 지질학도와

창조과학은 어려워서 받아들이기 힘든 것이 아니다.
학교나 사회에서 한 번도 들어보지 못했기 때문에 알지 못하는 것이다.

2000년 가을 샌디에이고에 있는 미국창조과학연구소에 있을 때였다. 두 지질학도에게 전화가 왔다. 지금 샌디에이고에 와 있는데 창조과학에 대하여 만나서 설명해 줄 수 있겠냐는 것이었다. 진화론적 지질학을 공부하다가 창조과학 사역을 하게 된 나로서 지질학자를 만나서 창조과학을 나누는 것은 무엇보다 흥분되는 일이었다. 아무래도 그냥 말로 하는 것보다 뭐라도 보여 주며 설명하는 것이 나을 것 같아 연구소에 있는 창조과학 박물관을 보여 주며 설명하기로 결정했다. 박물관을 찾아올 수 있겠냐고 양해를 구하고 박물관 앞에서 기다렸다. 한 친구는 지질학 분야 중 변성암석학을 전공으로 하고 있었으며 당시 박사학위 논문 발표만 남겨 놓고 있었다. 다른 한 명은 해양지질학 분야에서 박사학위과정을 이수하고 있었다. 둘 다 교회를 다니고 있었다.

미국창조과학연구소에 있는 창조과학 박물관은 진화론적 모델의 전시가 아니라 창세기 1장 1절부터 우리가 서 있는 현 위치까지 성경적으로 조명하도록 구성된 역사 박물관이다. 박물관에 들어서면 우선 세 가지 질문을 받는다. "Where did I come from? (나는 어디에서 왔는가?)" 과거에 대한 질문이다. 다음은 "What is the meaning of life? (산다는 것은 무슨 의미가 있는가?)" 현재에 대한 질문이다. 마지막으로 "What happens after I die? (죽은 다음에는 무슨 일이 일어날까?)" 미래에 대한 질문이다. 이 세 질문을 마치고 나서 바로 창세기 1장 1절 "태초에 하나님이 천지를 지으시니라"와 함께 시공간의 역사 속으로 몰아간다.

처음부터 이들은 아주 진지했다. 설명을 시작하고 한 동안은 질문도 없었다. 육 일 동안의 창조 기간을 순서대로 보여주는 방들은 모든 만물이 시간에 의해서가 아니라 전능하신 분에 의한 '완벽한 디자인'의 개념을 강조한다. 그림과 함께 하나님께서 생물을 종류대로 창조하신 것과 마지막에 자신의 형상으로 창조하신 아담과 하와에 대한 내용을 차례차례 설명해 주었다.

창조의 방을 하나씩 지나 첫 조상 아담과 하와가 타락함으로 저주받은 타락의 방에 들어섰다. 타락의 방은 피를 상징하는 붉은색 전등, 아기 울음소리, 가시덤불 등으로 꾸며 죄로 인한 하나님의 저주를 떠오르게 했다. 타락의 방을 통과하며 죄악이 가득함으로 인해 물의 심판이 있는 노아 홍수 방으로 들어갔다. 노아 홍수 방은 둘로 나누어져 있다. 앞방은 홍수 심판 동안 구원의 도구로 사용되었던 노아 방주이며, 뒷방은 방주에 타지 못했던 자들이 죽어 갔던 방주 밖이다.

노아 방주 방은 성경에 기초하여 간들, 역청, 창문, 내부 등을 그대로 설계하였으며 방주의 비율대로 만든 방주 모형이 놓여 있기도 하다. 방주 내부로 들어서서는 하나님께서 직접 설계하신 방주가 조선공학적으로 얼마나 안정한지 그 안정성과 함께 방주가 사람이 조정할 수 있는 배의 모양이 아니라 조정할 수 없는 길다란 상자 모양임을 설명했다. 그리고 방주 안에 노아 여덟 식구에 대한 이야기를 나누며 방주 밖으로 나왔다. 방주 밖을 나오며,

노아의 방주 상상도

"노아 홍수는 두 가지로 구분됩니다. 하나는 지금 빠져 나온 방주이며 다른 하나는 방주 밖의 홍수입니다. 방주 안에 있던 여덟 명은 모두 구원을 받았지만, 방주 밖에 있던 자들은 한 명도 빠짐없이 홍수로 인해 죽었다고 성경은 말하고 있습니다. 이제 우리는 방주 밖으로 나와 그곳에서 어떤 일이 일어났는지 나누어 보겠습니다."

방주에서 나와 노아 홍수 방으로 인도했다.

노아 홍수 방은 박물관의 다른 방보다 넓게 구성되어 있다. 실제로 내가 아닌 다른 사람이 인도하더라도 노아 홍수 방에서 가장 긴 시간을 할애한다. 그만큼 할 이야기도 많고 좀 더

편안한 공간에서 충분한 시간을 가질 수 있도록 구성된 것이다. 이들은 노아 홍수 방에 들어서서 화석, 지층, 석탄, 사층리 등 지질학 자료, 커다란 그랜드캐년 사진과 단면도 등이 눈에 들어오자 표정에서 약간의 긴장감과 기대감을 보였다.

"진화의 역사가 과거에 있었다면 각 생물의 종을 이어 주는 중간 단계 화석이 발견되어야 하겠지요? 그러나 지금까지 보고된 바 거의 없으며 보고된 것도 나중에는 모두 독립된 종으로 결론이 났습니다. 이 내용들은 진화론에 아주 치명적인 반론이 될 수 있지요."

드디어 지질학에 대한 내용이 시작되었다. 화석이 진화론을 지지하지 않는다는 내용을 말하자, 충분히 동의하며 자신들이 배워왔던 내용을 정리해 가는 듯했다. 이어서 화석이 어떻게 형성되는지 설명하였다.

"화석이 만들어지는 때는 그 생물이 죽은 다음이 아니라 살아 있을 때 갑작스런 매몰에 의해 이루어진 것이지요. 왜냐하면 일단 생물이 정상적으로 죽으면 분해되고 썩어서 그 형체를 알 수 없게 되지만 대부분의 화석은 아주 자세하게 그 모양을 보존하고 있는 것이 그 증거입니다. 그러나 관찰되는 모든 화석은 그 분포나 양상에서 오늘날 일어나는 자연 과정으로는 결코 설명될 수 없습니다. 그렇지요? 오늘날과는 다른 대격변에 의해서만 설명될 수 있지요."

먹이를 입에 문 채 발견된 물고기 화석은 순간적인 대격변이 있었음을 잘 보여준다.

여기서 '대격변(catastrophe)' 이란 단어에 힘을 주었다. 여기까지 반론 없이 동의한 모습이었다. 충분히 이해됐을 것이라는 확신을 갖고 다음을 이어 나갔다.

"다른 하나는, 지구의 역사라고 부르는 지질시대표를 증명할 수 있는 지층이 지구상에 한 군데도 없지요?"

이 내용은 지질학을 공부한 사람이면 쉽게 이해하는 부분이다. 왜냐하면 지질시대표가 만들어진 것은 진화론적인 지질 순서를 모두 보여 주는 어떤 장소가 있어서가 아니라, 진화가 사실이라는 가정 하에 지층의 순서를 정하는 지층대비(correlation)의 방법을 썼기 때문이다. 그 순간 해양지질학을 공부하는 친구로부터 질문이 튀어 나왔다.

"그러면 방사성 동위원소 연대측정법은요?"

지질학을 공부했다면 당연히 나와야 할 질문이다. 지질학을 공부하지 않았다고 하더라도 지구가 수십억 년 되었다고 말하는 방사성 동위원소 연대측정법에 대하여는 창조과학세미나를 인도하다 보면 쉽게 받는 질문이기도 하다. 그만큼 방사성 동위원소 연대측정법은 진화론적 지질학의 근간을 형성하는 요소이다.

"실제로 화석은 연대측정을 할 수 없지요? 왜냐하면 몇 가지 기본적인 이유에서 진화론자도 방사 연대측정을 하지 못합니다. 왜냐하면 그렇게 오랜 시간 동안 방사성 원소의 안팎 이동이 없었다는 가정은 불가능하기 때문이지요. 그 밖에도 여러 근본적인 이유 때문에 오랜 연대를 위해서는 화산 폭발에 의한 용암만이 측정 가능합니다."

방사성 동위원소 측정법의 문제점을 처음 접하는 것 같았지만 충분히 이해를 한 듯했다. 실제로 화석은 연대측정이 불가능함에도 일반인들은 화석이 자신의 나이를 말하고 있는

지층 대비 멀리 떨어져 있는 지층이 어느 것이 오래되었고 어느 것이 최근 것인지 맞추려는 지질학적 방법으로, 지구상에서 발견된 화석들을 가지고 지질주상도를 완성해 가는 방법이다. 즉, 단순한 화석이 발견되는 층은 더 오래된 시대의 지층이고 복잡한 화석이 발견된 층은 최근의 것으로 정한다.

줄로 착각하고 있다는 것이다. 그러나 그것은 단순히 지질시대표에 화석을 끼워 맞추어 연대를 밝히고 또 그 화석이 그 지질시대의 산물이라고 나이를 계산하는 순환적 오류일 뿐이다.

"더군다나 용암에 대하여도 문제가 많아요. 이제까지 화산폭발의 정확한 시기를 알고 있는 용암을 방사능 연대측정 방법으로 검증하려 했을 때 한번도 그 시기를 맞게 판별해 낸 경우가 없었습니다."

중간 단계 화석과 지질시대표가 지구상에 없다는 것, 지질학적 모습은 시간이 아닌 격변을 말한다는 것, 방사성 동위원소 연대측정법의 문제점까지 이야기했으니 이들이 이제는 진화론적 사고에서 많이 벗어났다는 생각이 들었다. 그리고 이들이 성경으로 들어갈 만한 준비도 되었으리라고 여겨졌다.

"지금까지 나누었던 순서대로 성경에서는 하나님께서 하늘과 땅과 모든 생물을 창조하시고 인간의 죄악이 가득 찼을 때 물로 심판을 하신 적이 있습니다. 그런데 성경을 자세히 보면 그 물 심판은 단지 물만이 아니라 땅을 강조하고 있는 것을 발견할 수 있습니다. 시작부터 깊음의 샘이 터진 것으로 시작을 합니다. 하나님께서는 홍수 전에 노아에게 땅과 함께 사람을 멸하겠다고 하셨으며 홍수가 끝난 뒤에도 다시는 땅을 저주하지 않겠다고 하셨습니다. 무지개를 보여 주신 때도 땅을 침몰할 홍수가 없을 것이라 하셨습니다. 창세기 홍수 일지의 약 80절 가운데 땅이라고 하는 단어가 무려 마흔 번 가량 나옵니다. 우리가 공부하고 있는 지질학의 대상이 땅 아닙니까? 그런데 성경에 언급된 노아 홍수는 바로 앞에서 다루었던 지질학적 관찰 사실과 정확하게 일치합니다."

이제 결론은 났다. 박물관에 들어오면서 단편적으로 수긍하던 것들이 한 줄로 엮인 것이었다. 종류대로 창조하심, 중간 단계 화석과 지질시대표가 없다는 것, 격변에 의한 화석들, 그리고 홍수 이전 층과 홍수 층. 패러다임의 전환이었다.

이미 성경이 마음속에 들어간 그들에게 이어지는 빙하시대 방과 바벨탑 방은 긴 설명이 필요 없었다. 그리고 이어지는 예수님의 방, 마음은 점점 뜨거워졌다. 중세와 근대의 과학자 사진을 지나 진화론적 사고로 가득 차게 된 오늘날 우리의 위치로 다시 돌아왔다. 박물관은 여기서 맨 처음 질문했던 내용을 반복하며 끝이 난다. "나는 어디에서 왔는가?", "산다는 것은 무슨 의미가 있는가?", "죽은 다음에는 무슨 일이 일어날까?"

두 시간 정도의 박물관 투어를 마치고 나오면서 두 지질학도는 말했다.

"놀랍습니다. 이렇게 정교하게 만들어진 세상이 새로워 보입니다!"

내가 질문을 던졌다.

"지금까지 박물관에서 나눈 내용이 어려워서 몰랐나요? 아니면 한 번도 들어 보지 못해서 몰랐나요?"

대답은 간단했다.

"들어 보지 못해서 몰랐습니다."

"잠깐 기도합시다."

기도를 마치자, 논문을 앞둔 친구가 심각한 표정을 지으며 말했다.

"앞으로 내가 하나님 앞에서 무엇을 해야 할지 이제야 알았습니다."

창조특강 Q&A 사람의 화석은 어디로?

> 지면의 모든 생물을 쓸어버리시니 곧 사람과 짐승과
> 기는 것과 공중의 새까지라 이들은 땅에서 쓸어버림을 당하였
> 으되 홀로 노아와 그와 함께 방주에 있던 자만 남았더라
> (창 7:23)

노아 홍수를 다룰 때 자주 받는 질문이 바로 사람 화석이 왜 발견되지 않느냐 하는 것입니다. 사람 화석이 발견되기도 하지만 대부분의 것은 홍수 이후의 것들로 보입니다. 그런데 재미있는 것은 사람 화석뿐 아니라, 육지 동물 화석은 좀처럼 발견되지 않는다는 사실입니다.

화석 기록에 대한 통계자료를 볼까요? 모든 화석의 95%는 조개류, 산호, 삼엽충과 같은 무척추동물입니다. 이들을 제외한 나머지 5%중에 95%는 바다 식물입니다. 그 나머지 5% 중에 5%, 그러니까 전체 화석의 0.25%만이 척추동물의 화석이지요. 예를 들어 박물관에 있는 공룡 화석은 총 2,100개 밖에 되지 않는데, 이는 전체 화석에 비해 아주 적은 비율입니다. 더 나아가 0.25% 중에 1%, 즉 전체 화석의 0.0025%만이 한 개 이상의 뼈를 포함하고 있습니다. 즉 대부분의 척추동물은 발견되더라도 몸 전체가 아니라, 일부의 뼈만이 발견된 것입니다.

육지 동물은 화석화 잠재력(low-fossilization potential)이 낮습니다. 왜냐하면 바다 동물은 살아 있는 동안 물속에서 서식하기 때문에 밀려 오는 흙더미에 걸려들기 쉬운 반면, 육지 동물은 물에서 뜨기 때문에 상대적으로 이에 걸려들기 어렵습니다. 화석이 되는 것은 생물이 물에 빠졌을 때 되는 것이 아니라 흙에 덮혔을 때입니다. 또한 노아 홍수의 일지에서는 그 물이 홍수 기간 동안 점점 증가하는 모습을 보여 줍니다. 이는 육지 동물 본능으로 안전한 곳(높은 지대)에 이동할 수 있는 시간적 가능성을 시사하죠. 이는 인간에게도 적용될 수 있습니다. 이러한 종합적인 이유로 인간과 육지 동물은 화석화 잠재력이 떨어집니다. 더욱이 홍수 이전의 인구를 정확히 측정할 수 없지만, 오늘날의 인구와 같다고 보더라도 그 수적으로 화석이 될 확률은 다른 동물에 비해 아주 낮습니다.

결론적으로 인간은 생활하는 환경, 신체적인 특징, 인구 등을 고려할 때 다른 생물에 비해 화석으로 남아 있을 확률은 희박합니다. 그러나 성경적으로 돌아갈 때 그 이유를 더 분명히 알 수 있습니다. **나의 창조한 사람을 내가 지면에서 쓸어버리되**(창 6:7)와 **지면의 모든 생물을 쓸어버리시니 곧 사람과 짐승과 기는 것과 공중의 새까지라**(창 7:23) 바로 홍수 이전 사람의 화석이 부재한 것은 하나님께서 심판을 완수하시는 모습을 보여 주는 것으로 생각할 수 있지 않을까요? 왜 대부분의 화석은 바다 생물인가 하는 것은 진화론자들에게도 의문일 수밖에 없습니다. 그러나 성경적인 대격변을 고려하면 이러한 궁금증도 타당하게 해결되는 것입니다.

고생물학자와의 대화

진화론의 우산에서 벗어나면 사실이 보인다.
어떠한 문제든 성경적인 답변은 가장 큰 설득력을 가진다.

1999년 여름 미국 창조과학연구소에 있을 때이다. 시카고에서 사역하시는 이동용 박사님께서 창조과학 세미나를 했는데 참석자 가운데 지질학을 전공한 사람이 있는데 암만해도 지질학적으로 만족을 못하신 것 같으니 전화로라도 연락을 해 보라는 것이었다. 전화를 해 보니 고생물학으로 박사학위를 받으신 분이었다. 고생물학은 화석을 연구하는 지질학의 한 분야로 전반적으로 진화론에 근거를 두고 발전하여 왔으며, 많은 분야에 진화론이 사실인 것으로 인식시키는 데 큰 기여를 한 분야이다. 대화를 시작할 무렵에는 자신은 기독교인이며 교회 집사이며 진화론은 문제가 있다고 생각한다고 하였다. 그렇지만 진화론이 문제가 있다고 하면서도, 내가 그 문제점을 지적하려고 하면 진화를 옹호하는 입장을 취하는 것이었다. 잠깐의 대화를 통해서도 여전히 진화론에 벗어나지 못한 연구를 하고 있다는 것을 쉽게 알 수 있었다.

이 박사님의 첫 질문은 성경에 관한 것이었다.

"왜 성경이 꼭 맞아야 하느냐?"

질문하자마자 스스로 대답했다.

"성경은 믿는 것이지 과학으로 접근 하는 것이 아니다."

이어서 다른 질문을 하기도 하였다.

"성경이 맞다면 왜 사람 화석과 공룡 화석이 함께 발견되지 않느냐?"

이런 식의 질문이었다.

질문 자체에 성경이란 말을 포함해서 썼기에 나는 성경에 써 있는 노아 홍수의 성경 내용을 읽으려 했다.

"성경은 언급하지 말고 대답해 주십시오."

성경에 대한 질문에 대하여 성경을 갖고 설명하려 하는 것도 못하게 하였다.

"성경은 믿는 것이지 증거를 대는 것이 아닙니다."

똑같은 내용을 계속해서 주장하였다.

추가해서 충분한 답변을 할 수도 있었지만, 이분이 질문하는 자세를 보니 궁금해서라기보다 주장하고 싶은 바가 있는 것 같아 여유를 두고 답변을 하는 것이 좋겠다는 생각이 들었다.

이러한 상황에서 대화가 진전될 것 같지 않기에, 일단 서로를 이해하는 것이 먼저라는 생각이 들었다. 그래서 그분의 박사학위 논문을 말해 줄 수 있냐고 부탁하였다. 역시 진화론에 근거하여 연구된 신생대 상어 화석에 대한 것이었다. 먼저 가장 근본적인 문제점을 던져 보았다.

"연구하신 상어 화석이 신생대인 것을 어떻게 알았습니까?"

이 질문을 던진 것은 진화론자들은 자신의 사고의 틀에 매어 상어 화석이 나오는 층을 신생대로 정하기로 약속한 것이지 실제로 상어 화석 스스로 어느 시대인지는 말하지 않기 때문이다. 앞에 언급한대로 실제로 화석뿐 아니라 퇴적암 자체는 방사성 연대측정도 할 수 없기 때문이다. 자신의 논문에 대한 내용이라 다소 신경질적인 반응을 보였다.

"왜 그런 질문을 합니까? 그런 것은 이미 많은 사람들에 의해서 받아들여지고 있는 것이 아닙니까?"

나의 질문은 그동안 이분이 심각하게 문제로 생각하지 않았던 '전제'를 건드렸던 것이다. 거의 한 시간 반 가량 이와 비슷한 대화가 오갔다. 대화하는 동안 성경 이야기를 하면 다소 신경질적인 반응을 보이기에 일부러 성경에 관한 언급을 피하였다.

대화를 나누는 동안 나도 진화론적 지질학을 했고 많은 갈등을 가졌던 사람임을 간증하였고 지금은 진화론적 지질학의 문제점을 충분히 이해하고 성경적 지질학을 연구하고 있다고 말하였다. 긴 시간 동안의 대화 때문인지 어느 정도 친해진 느낌이 들었다.

"성경이 사실이라고 연구하는 지질학자들이 말하는 성경

적 지질학을 몇 분간 설명해 드려도 되겠습니까?"

허락을 받고 설명을 시작하였다. 설명하는 동안 박사님은 진지했고 이때는 중간에 심한 간섭도 없었다. 중간 단계 화석의 부재, 지질시대표의 부재, 전 지구상에 분포하는 화석, 방사성 동위원소 연대측정법의 문제점 등을 비교적 상세하게 설명하였다. 설명하는 동안 각각의 문제점에 대하여 대체적으로 동의하였다. 그럼에도 이분은 자신이 갖고 있는 진화론적 사고를 벗어나지 않으려는 자세를 유지하고 있었다. 마지막으로 한 가지를 추가했다. 앞에서 두 지질학도에게 했었던 내용이다.

"성경에서는 하나님께서 땅을 만드신 장면이 창세기 1장에 나옵니다. 셋째 날 물이 한곳으로 모이고 땅을 만드시는 장면이 나옵니다. 그리고 땅이 격변을 겪으면서 형성되었던 적이 있습니다. 바로 모든 깊음의 샘이 터지면서 시작한 노아 홍수입니다. 그러면 창세기 1장에서 만들어진 땅과 노아 홍수의 땅 사이에는 많은 차이가 있겠지요? 여러 가지가 있을 수 있습니다. 그 가운데 화석을 들 수 있겠지요? 왜냐하면 창세기 1장의 셋째 날에 땅을 만드실 때는 아직 식물도 창조하시기 전이니까요."

전화상이었지만 필자는 짜릿한 전율을 느꼈다. 내가 처음 이 내용을 접했을 때가 기억났기 때문이었다. 그분의 놀라는 마음이 전해졌기 때문일지도 모른다. 왜냐하면 나 역시 창조과학적으로 지질학을 하면서 이 부분에서 나도 모르게 탄성을 질렀기 때문이다.

이어서 생물을 만들기 전인 창세기 셋째 날 만들어진, 화석을 포함하지 않는 홍수 이전 층과, 엄청난 물과 격변 때문에 갑자기 화석이 출현하는 홍수 층에 대하여 성경적 지질학 내용을 간단하게 설명하였다. 아울러 홍수 이후에 땅이 안정화 되는 과정에 일어난 내용도 추가하여 설명하였다.

물론 이러한 접근을 이전에 한번도 들어본 적이 없었음은 당연했다. 그렇지만 지금 이분은 성경이 사실이라고 보고 접근한 성경적 지질시대의 분류가 진화론에 근거한 것보다 명확하다는 것을 이해하게 된 것이다. 얼마간의 침묵이 흘렀다.

"하나님께서 원하신다면 제가 지금까지 해 왔던 학문을 버리겠습니다."

이 분은 진화론의 우산에서 벗어나서 '사실'에 근거한 지질학을 처음으로 대하여 본 것이다.

그렇다. 성경은 사실이다. 그렇기 때문에 성경적인 답변을 할 때 가장 설득력 있는 답변을 찾을 수 있는 것이다. 이제까지 지구의 역사에 관한 연구를 성경에서부터 시작하려고 하지 않았을 뿐이지 성경에서부터 시작할 때 가장 쉽고 명쾌한 답을 얻을 수 있는 것이다.

창조과학 사역을 하며 만난 다른 그 밖의 지질학자들도 마찬가지였다. 충분한 시간을 두고 이야기 할 경우 여지없이 자신의 진화론적 지질학의 문제점을 고백할 뿐 아니라, 성경의 역사가 지질학적으로 사실임을 진지하게 받아들였다.

그랜드캐년을 중심으로 펼쳐지는 프로그램인 창조과학 탐사여행에 참석했었던 지구과학을 전공으로 하셨던 교수님은 돌아갈 때 참가자 중 가장 감격적이었으며 지금도 해외 선교지에서 기회가 주어지는 대로 창조과학 강연을 선교에 적용하고 계시다. 텍사스에서 창조과학 컨퍼런스에서 "정말 충격적이었다."고 고백했던 지질학자들…. 이들 모두는 과거에 일어났던 일을 거기 계셨던 분께 여쭈어 본 것이 아니라 지금 살고 있는 사람들의 생각에 의지해서 노력했었던 지질학자들이다. 그러나 창조과학과 성경을 통해서 자기도 모르게 갖고 있던 편견을 발견하고, 처음부터 거기 계셨던 분이 주신 계시의 책을 '역사책'으로 인정한 분이다.

이제 모든 짐승에게 물어 보라 그것들이 네게 가르치리라 공중의 새에게 물어 보라 그것들이 또한 네게 고하리라. 땅에게 말하라 네게 가르치리라 바다의 고기도 네게 설명하리라. 이것들 중에 어느 것이 여호와의 손이 이를 행하신 줄을 알지 못하랴(욥 12:7~9)

욥은 각 생물과 함께 땅도 언급했다. 땅에게 말하라. 땅에게 물어보라. 땅을 파 보고 샘플을 만들어서 연구하고 네가 할 수 있는 모든 것을 동원해 보라. 어느 것이 여호와의 손이 행하셨음을 말하지 않을 수 있을까?

창조과학 Q&A 지질 주상도는 지구의 역사일까?

"지구의 역사를 말해 보세요."하면 여지없이 나오는 단어가 고생대, 중생대, 신생대 하는 지질주상도의 순서입니다. 단순한 무척추동물 화석부터 복잡한 고등동물 화석까지 순서대로 나열된 표입니다. 그런데 여기에는 문제가 있습니다. 지질주상도에서 보여 주는 것처럼 화석이 진화론적 순서로 고스란히 발견되는 곳은 지구의 어디에도 없기 때문입니다. 이러한 순서를 고스란히 볼 수 있는 곳은 단 한 곳뿐인데 바로 지구과학 교과서입니다. 실제로 화석들의 분포 양상을 보면 그림처럼 수직적이라기보다는 다분히 수평적입니다. 화석들은 지표의 퇴적암 속에 "널려 있다"는 표현이 오히려 적당합니다. 그러니까 수평적으로 분포하는 화석들을 진화의 순서에 꿰어 맞춰 수직적으로 과학책에 모아놓은 것입니다.

아직까지 화석 가운데 빠진고리가 발견된 적은 없습니다. 진화가 사실이라면 지구의 역사를 대변한다고 하는 수백억의 화석에서 쉽게 관찰되어야만 함에도 말입니다. 지질주상도의 모든 화석을 보여 주는 곳도 없지만 실제 지질조사를 할 때면 화석이 진화론적 순서적으로 발견되지 않는 것도 중요한 문제점입니다. 아리조나 대학의 지구과학과에 있는 커틀러는 이 문제에 대하여 분명히 언급했습니다. "우리는 지층의 순서가 화석의 (진화론적) 연대순서와 일치하지 않는 지층 순서의 무질서를 인정한다. 지층 순서의 무질서란 오래된 화석이 젊은 화석 위에 있다는 것이다. 지층 순서의 무질서 규모는 수mm에서 수m까지이다…. 지층 순서의 무질서는 아마도 모든 화석 기록의 일반적인 현상일 것이다." (Cutler, Alan H., and Karl W. Plessa, "Fossils out of Sequence:

진화론자의 지질시대 구분

Computer simulations and Strategies for Dealing with Stratigraphic Disorder," *Palaos*, v. 5 (June 1990), pp. 227-235)

이러한 여러 정황은 화석이 진화론적 순서로 발견되지 않을 뿐 아니라 오히려 지구상의 대격변을 지지합니다. 더군다나 화석은 이론적으로 방사성 동위원소 연대측정도 할 수 없습니다. 분명히 해야 될 것은 지구상에 화석이 지질주상도 순서로 발견되었기 때문에 진화론이 등장한 것이 아닙니다. 오히려 진화론이 사실이라는 가정하에 교과서에 모아 놓은 것뿐입니다. 그것도 실제로는 순서대로 발견되지도 않는데 말입니다. 여기서도 진화의 증거가 먼저 있었던 것이 아니라 진화에 대한 믿음이 먼저입니다.

화석은 진화의 순서를 말하는 것이 아니라 모두가 동시대에 살았던 생물이었으며 같은 시기에 매몰되었음을 지지하고 있습니다. 그 매몰이 무엇을 의미하시는지 아시죠?

저자 후기
창조과학 사역은

"창조과학자가 진화론자에게 이긴 적이 있나요?"
"다른 과학자들은 노아 홍수에 대하여 어떻게 생각하나요?"
"믿지 않는 사람들에게도 성경을 이야기하면서 과학을 이야기 하는 것이 효과적일 수 있나요?"

자주 받는 질문이다. 그러한 질문을 직접 하지는 않더라도 성경을 언급하지 않고도 창조과학자들이 진화론자들과의 논쟁에서 더 높은 점수를 받았다거나, 일반 과학자들도 진화론에 회의적이라는 논문을 읽어 주면, 또는 창조과학 프로그램을 통해서 비기독교인이 변화되었다는 말을 들으면 기독교인은 기뻐한다.

물론 창조과학이 비기독교인으로부터 객관적 지지를 받는 것은 분명히 중요하다. 실제로 최근 들어 창조과학 프로그램이 비기독교인을 성경으로 향하게 하는 데 큰 역할을 하고 있다. 최근 미국의 각 주에서 교과서에 진화론 내용의 삭제 내지는 용어 변경 등 논쟁이 되고 있는 것도 뿌리를 찾아보면 창조과학의 영향이다.

그러나 역시 진화론이 문제라는 것을 지적하는 것은 다른 사람들보다 기독교인에게 맡겨진 역할일 수 밖에 없다. 만약에 일반과학자가 진화론을 포기하면 그때 가서 교회가 그 결과만 받아들이겠다는 자세를 갖고 있다면 이는 바른 생각이라 할 수 없다. 왜냐하면 기독교인만이 과거에 있었던 분이 계시한 성경을 갖고 있기 때문이다. 이 말은 성경을 믿는 자만이 과거에 어떠한 일이 일어났는지 정확히 알 수 있다는 것이다. 진화론자들이 진화론을 붙들고 주장하든지, 아니면 진화가 사실인 줄 알고 그 안에 파묻혀 생각하든지에 상관없이 기독교인은 '사실'을 선포해야 한다. 왜냐하면 사실이 아닌 것은 어떠한 모습을 갖추고 있든지 간에 진리인 성경을 공격하는 자세를 취하기 때문이다. 이런 면에서 창조과학이 전파되어야 할 대상은 일차적으로 교회일 수밖에 없다. 진리의 책을 갖고 있는 자들이 먼저 변해야 하기 때문이다.

우리는 사회가 먼저 진화를 포기하고 창조로 돌아서기를 기다릴 수 없다. 일반과학자들이 먼저 세상에 생물들을 파괴시켰던 대격변인 노아 홍수를 받아들일 때까지 기다릴 시간이 없다. 방사성 동위원소 방법을 버려야 한다는 고백이 그들에게서 나올 때까지 창조과학 사역을 지체할 여유가 없다. 그들이 성경 앞에 백기를 들고 나아올 때를 기다릴 수가 없다. 사회가 변할 때를 기다려 그때서야 교회가 변해야 할까? 아니면 교회가 먼저 변하여 그릇된 진화론을 지적해야 할까? 당연히 사실인 책을 갖고 있는 교회가 먼저 진실을 알아야 한다. 진실을 알아야 한다는 말보다, 기독교인밖에는 진실을 알 자가 없다는 것이 맞는 말이다. 교회 밖 어디에도 진짜 역사

책을 갖고 있지 않기 때문이다.

사역 초기인 1999년에 샌디에이고에 위치한 생물학 연구소에서 창조과학 세미나를 초청받은 적이 있다. 이 연구소에는 한국 분들이 꽤 있었기 때문에 이들을 위한 것이었다. 초청했던 분께서 세미나 전에 한 가지 조언을 주셨다.

"여기는 교회가 아니므로 성경 이야기를 너무 많이 하지 않았으면 좋겠습니다."

그 조언을 기꺼이 받아들여 처음에는 성경을 전혀 사용하지 않고 세미나에 임했다. 사실 과학자들에게 진화에 대하여 말하자면 두 가지 만으로 충분하다. '관찰' 된 적이 없으며, '실험'에 성공한 적이 없다는 이야기이다. 중간단계 화석이 관찰된 적이 없다는 것과 생물에게는 깨질 수 없는 유전적인 한계는 실험에 의해서 뒷받침 된다는 것이다. 지질시대표는 진화론자들이 만들어 놓은 것에 불과하며 실제 야외에서 관찰된 것이 아니라는 것 등이다. 약 구십 분간의 세미나가 진행되었을 때 이 부분에 대하여는 반대가 거의 없었다. 이유는 간단했다. 그때까지 언급했던 내용은 사실이었기 때문이다. 그렇지만 앉아 있던 과학자들은 진화의 문제점은 알았지만 대부분의 얼굴이 꼭 만족스러운 표정은 아니었다.

"그래서 어쨌다는 것인가?"라는 반응이었다.

"제가 답이라고 여기는 성경을 읽겠습니다."

성경에서 하나님께서 종류대로 창조하시고, 인간은 이들과 구분하여 하나님의 형상대로 창조하신 창세기 1장을 읽으며 마무리했다.

"저는 이 성경 기록이 사실이라고 믿습니다."

참 놀라운 것은 과학자들이라고 과학을 이야기할 때 마음이 움직이는 것이 아니라는 것이다. 과학은 단지 관찰과 실험에 대한 내용만 언급하는 것이고, 과거에 있었던 일에 대하여는 '답'을 이야기 할 때야 "그게 그거구나!"라는 고백이 나오는 것이다. 이 세미나에서도 마찬가지였다. 답인 성경을 언급할 때야 그들은 내가 무엇을 말하려고 했었는지 알아차렸으며 그들 마음이 움직이기 시작했다는 것이다. 왜냐하면 진화론은 철저하게 역사과학에 대한 이론인데, 진짜로 거기 있던 자에게 물어보았을 때에 그 실체가 가장 분명하게 드러나기 때문이다.

퍼즐피스의 예가 도움이 될 것이다. 수천 개의 퍼즐피스를 맞추는데 답지가 없으면 원래 그림이 산인지, 강인지, 영화의 주인공인지, 칼라는 무엇인지 도저히 감을 잡을 수 없다. 이들을 맞추는 데는 먼저 답지를 놓고 풀어 보아야 한다.

똑같은 이치로, 진화가 틀렸다는 것을 창조과학자들은 어떻게 알았을까? 혼자서 깨달아 알았을까? 아니면 다른 과학자보다 머리가 좋아서 알았을까? 이유는 간단하다. 우리는 답을 먼저 본 것이다. 창조과학자들에게는 답이 있었다. 바로 창조했던 분이 행하신 그대로 말씀하신 책 말이다. 그 답을 보고 그 답에서부터 과거를 추적해 본 것이다. 그러고 보니 정확하게 맞아 떨어진 것이다. 창조과학자들에게 과학이라는 도구가 귀중한 역할을 하였을 뿐 아니라 궁극적으로는 성경이라는 놀라운 계시의 책이 손에 있었고 그에 대한 믿음이 역할을 한 것이다. 그러므로 믿음은 바라는 것들의 실상이요 보지 못하는 것들의 증거(히 11:1)의 진리의 말씀은 과학자들에게도 정확히 적용된다. 그 자리에서 보지 못한 것을 성경에 대한 궁극적인 믿음을 통해서 보았을 때 그 '증거'가 보인 것이다.

그런 면에서 창조과학은 과학이라는 도구를 쓰지만 궁극적으로 성경의 믿음 위에 시작한 것이며 그 사역의 방향도 성경으로 돌아가도록 하는 데 있다. 즉, 성경을 갖고 있지만 진화론적 사고와 이에 영향을 받은 세계관을 갖고 있는 사람들이 일차적으로 중요한 대상인 것이다. 그러므로 어떤 면에서 창조과학의 첫 대상이 교회일 수 있다. 바로 교회만이 성경을 배울 수 있는 유일한 곳이기 때문이다. 예배당에 모인 모든 사람들이 성경에 대한 확신을 갖고 있다고 할 수 없지만 어쨌든 이들 손에는 성경이라는 답안지가 놓여 있기 때문이다. 그러니까 창조과학은 교회에 모인 사람들을 변화시켜 교회를 세우며 그 교회에서 변화된 사람들이 진리를 전하게 하는 대표적인 교회중심사역(Church centric ministry)이다.

창조과학 프로그램을 이수하면 거의 모든 사람들이 비슷한 반응을 보인다.

"우리 애들은 어떻게 하지요? 믿지 않는 저희 부모님을 이곳으로 오도록 할 수 없을까요? 내가 전도하려고 하는 사람이 있는데 창조과학 내용을 소개하는 방법은 무엇인가요? 이 진화론의 세상에서 우리가 무엇을 해야 할까요?"

역시 믿는 사람들이 변화되자 교회 안의 믿음이 확실치 않은 사람들뿐 아니라 교회 밖을 향하여 고개를 돌리기 시작하는 것이다.

하나님께서 이 세상에 기대할 곳이 어디 밖에 없을까? 교회밖에 없다. 왜냐하면 교회만이 하나님이 계시한 성경이 있는 곳이요, 이를 가르치고 배울 수 있는 유일한 곳이기 때문이다. 더 나아가 하나님께서 진리 전파를 위해 기대하실 유일한 곳이다. 예수님께서 돌아가시며 세우신 곳이다! 예수님께서 교회를 세우셨다는 것은 우리 편에서 보면 감사할 따름이요, 예수님 쪽에서 보면 진리의 책을 맡기기 위한 최고의 방법이었던 것이다.

예수님께서 씨 뿌리는 비유를 보면 재미있는 답변을 하신다. 각 동네 사람들이 모였을 때 씨 뿌리는 비유를 하셨지만 그 비유에 대해 이해할 수 있는 설명은 제자들에게만 하셨다. *하나님나라의 비밀을 아는 것이 너희에게는 허락되었으나 다른 사람에게는 비유로 하나니 이는 저희로 보아도 보지 못하고 들어도 깨닫지 못하게 하려 함이니라* (눅 8:10)

이것이 예수님께서 선택하신 방법이다. 여기에는 과거의 역사를 공부하는 역사과학의 분야에도 똑같이 적용된다. 예수님께서는 제자들에게 모든 것을 거신 것이었다. 그리고 그들이 변화되어 나아가 전파되는 방법을 택하신 것이다. 바로 다른 사람이 아닌 제자들이 먼저 변하여 다른 사람을 변화시키길 원하셨기 때문이다. 이와 같이 과거에 대한 비밀도 교회에서 먼저 깨닫고 교회를 중심으로 변화되어 세상에 선포하는 것이 순서이다.

하나님의 지혜에 있어서는 이 세상이 자기 지혜로 하나님을 알지 못

하는 고로 하나님께서 전도의 미련한 것으로 믿는 자들을 구원하시기를 기뻐하셨도다(고전 1:21) 하나님께서는 분명히 세상이 자기 지혜로 하나님을 알지 못한다고 하셨다. 그래서 전도의 미련한 방법을 택하셨다. 십자가의 도는 유대인에게는 꺼리기는 것이요 이방인에게는 미련한 것(고전 1:23)이라고 했다. 오늘날도 똑같이 적용되는 말씀이다. 교회 밖에서 성경에 대한 이야기는 이미 '미련하게' 취급된다. 교회는 교회 밖이 먼저 진리로 변하기를 기다려서는 안 된다. 그들은 스스로 진리를 취할 수 없기 때문이다. 여기에는 창조의 진리도 예외일 수 없다. 믿는 우리가 먼저 진리의 허리띠를 띠어야 한다.

언젠가 창조과학 탐사여행을 비롯해서 세미나를 여러 번 참석하셨던 나이 드신 목사님과 사무실에서 이야기를 나누었을 때다.

"이재만 형제, 창조과학자는 위기를 기회로 만드는 사람들이야. 유도가 뭔지 알아? 유도는 상대방이 공격해 오는 것을, 그러니까 그때 힘을 역으로 이용해서 넘어뜨리는 거야. 사탄은 세상에 진화론을 심어 주면 끝나는 줄만 알았어. 그 동안 진화론을 퍼뜨리는 데 온 힘을 기울였어. 그런데 사탄이 모르던 게 하나 있었지. 바로 창조과학자들이 등장할 줄은 몰랐던 거야! 밀려오는 진화론을 이용해서 이전보다 더 확실히 복음을 전하는 기회로 삼는 전법 말이야. 하나님은 그걸 준비하고 있었던 거야. 이재만 형제는 그걸 알고 사역을 해야 돼. 진화론이 없었다면 창조과학자를 교회에서 어떻게 초청을 하겠어."

물론 목사님의 말씀은 진화론이 퍼진 오늘날의 상황이 잘 된 일이라는 것을 의미하는 것이 아니었다. 기독교인이 위기의 상황을 기회로 만들지 않으면 안 되고, 기독교인이 진화론적 사고로 가득 찬 위기의 세상을 기회로 만들지 않으면 안 된다는 말씀을 하시는 것이었다.

진화론이 휩쓸고 간 곳마다 교회는 모두 문을 닫았다. 유럽이 그랬다. 그 가득 차던 예배당이 지금은 텅텅 비어 있다. 진화론이 미국에 상륙한 이후로 상황은 똑같이 변해 왔다. 한국은 어떠한가? 분명한 것은 지금이 위기라는 것이다. 그러나 가만히 있을 수 없는 것이 기독교인이다. 이 상황을 기회로 바꿀 수 있어야 하고 오히려 그전보다 더 선명하게 복음을 전할 수 있어야 한다. 교회는 진화론적 세상에서 창조과학을 효과 있게 사용해야 한다. 교회여, 창세기로 돌아가자! 교회만 창세기로 돌아갈 수 있다!

모든 이론을 파하며
하나님 아는 것을 대적하여 높아진 것을 다 파하고
모든 생각을 사로잡아
그리스도에게 복종케 하니 (고후 10:5)